CONGREGAZIONE PER IL CLERO

IL DONO DELLA VOCAZIONE PRESBITERALE

Ratio Fundamentalis Institutionis Sacerdotalis

W0340796

LIBRERIA EDITRICE VATICANA

© Copyright 2017 - Libreria Editrice Vaticana
00120 Città del Vaticano
Tel. 06.698.81032 - Fax 06.698.84716

ISBN 978-88-209-9941-4

www.vatican.va

www.libreriaeditricevaticana.va

Introduzione

1. *Necessità di una nuova Ratio Fundamentalis Institutionis Sacerdotalis*

Il dono della vocazione al presbiterato, posto da Dio nel cuore di alcuni uomini, impegna la Chiesa a proporre loro un serio cammino di formazione; come ha ricordato Papa Francesco in occasione del suo discorso alla Plenaria della Congregazione per il Clero (3 ottobre 2014), «*si tratta di custodire e far crescere le vocazioni, perché portino frutti maturi. Esse sono un "diamante grezzo", da lavorare con cura, rispetto della coscienza delle persone e pazienza, perché brillino in mezzo al popolo di Dio*».[1]

Sono trascorsi ormai trent'anni da quando – il 19 marzo 1985 – la Congregazione per l'Educazione Cattolica, allora competente in materia, ha provveduto ad emendare la *Ratio Fundamentalis Institutionis Sacerdotalis*, promulgata il 6 gennaio 1970,[2] integrando soprattutto l'apparato delle

[1] Francesco, *Discorso alla Plenaria della Congregazione per il Clero* (3 ottobre 2014): *L'Osservatore Romano*, 226 (4 ottobre 2014), 8.

[2] Cfr. Congregazione per l'Educazione Cattolica, *Ratio fundamentalis institutionis sacerdotalis* (6 gennaio 1970): *AAS* 62 (1970), 321-384.

note, alla luce della promulgazione del Codice di Diritto Canonico (25 gennaio 1983).

Da allora numerosi sono stati i contributi al tema della formazione dei futuri presbiteri, sia da parte della Chiesa Universale, sia da parte delle Conferenze Episcopali e di singole Chiese particolari.

Innanzitutto, occorre ricordare il Magistero dei Pontefici che in questo periodo di tempo hanno guidato la Chiesa: S. Giovanni Paolo II, al quale si deve la fondamentale Esortazione apostolica post-sinodale *Pastores dabo vobis* (25 marzo 1992), Benedetto XVI, autore della Lettera apostolica in forma di «motu proprio» *Ministrorum institutio* (16 gennaio 2013) e Francesco, dall'impulso e dalle indicazioni del quale è nato il presente documento.

In modo particolare, nella *Pastores dabo vobis* viene presentata in maniera esplicita una visione integrale della formazione dei futuri chierici, che tenga conto ugualmente di quattro dimensioni che interessano la persona del seminarista: umana, intellettuale, spirituale e pastorale. *Ministrorum institutio* ha inteso evidenziare come la formazione dei seminaristi prosegue naturalmente nella formazione permanente dei sacerdoti e costituisce con essa una realtà unitaria; pertanto, con tale documento Benedetto XVI ha inteso affidare alla Congregazione per il Clero, già competente per la formazione permanente, anche la responsabilità della formazione iniziale in Seminario, riformando gli articoli della Costituzione apostolica *Pastor bonus* (28 giugno 1988) dedicati al tema e trasferendo l'Ufficio per i Seminari presso la Congregazione per il Clero. Nel corso del suo Pontificato, il Santo Padre Francesco ha offerto un ricco Magistero e un costante esempio personale riguardo al ministero e alla vita dei sacerdoti, incoraggiando e seguendo i lavori che hanno condotto al presente documento.

Non sono mancati in questi anni documenti riguardanti singoli aspetti della formazione dei futuri chierici da parte di Dicasteri della Curia Romana: la Congregazione per l'Educazione Cattolica e quella per il Culto Divino e la Disciplina dei Sacramenti, nonché la Congregazione per il Clero, oltre alle varie *Ratio* nazionali, molte delle quali sono state consultate nel corso dei lavori.[3]

2. *Lavori preparatori*

Una prima bozza della presente *Ratio Fundamentalis* è stata elaborata dalla Congregazione per il Clero sin dalla primavera del 2014, inviata ad alcuni esperti e, soprattutto, ai Membri del Dicastero, in vista dell'Assemblea Plenaria, tenutasi nei giorni 1-3 ottobre 2014. In quella sede il testo è stato commentato e discusso dagli Em.mi ed Ecc.mi Membri, nonché dagli esperti invitati, che hanno offerto alla Congregazione proposte e suggerimenti per il seguito dei lavori.

[3] Tali documenti saranno menzionati in dettaglio e di essi si terrà conto in modo specifico nel seguito del testo.

Tale materiale è servito per redigere un testo ampliato, arricchito dai suggerimenti ricevuti da alcuni Dicasteri della Curia Romana, interessati al tema per competenza (Congregazione per l'Evangelizzazione dei Popoli, Congregazione per gli Istituti di Vita Consacrata e le Società di Vita Apostolica e Congregazione per le Chiese Orientali), o in virtù dell'esperienza precedentemente accumulata (Congregazione per l'Educazione Cattolica).

Nel corso del 2015 il testo è stato inviato a numerose Conferenze Episcopali e Nunziature Apostoliche, per ricevere il loro parere e al fine di allargare l'ambito della consultazione e della riflessione ai Paesi nei quali la *Ratio Fundamentalis* dovrà essere applicata, nello spirito di quella sinodalità tanto spesso richiamata da Papa Francesco.

Nei giorni 19 e 20 novembre 2015, la Congregazione per il Clero ha anche promosso un Convegno Internazionale dedicato al 50° anniversario dei documenti conciliari *Optatam totius* e *Presbyterorum ordinis*, nel corso del quale Cardinali, Vescovi, professori, formatori ed esperti hanno potuto offrire il loro prezioso contributo alla riflessione sul tema della formazione dei candidati agli Ordini sacri.

La Congregazione per il Clero, tenendo in debita considerazione gli apporti ricevuti in materia, ha redatto una bozza definitiva, esaminata, dapprima, da alcuni Consultori e, successivamente, presentata ad alcuni Dicasteri della Curia Romana (Segreteria di Stato, Congregazione per la Dottrina della Fede, Congregazione per il Culto Divino e la Disciplina dei Sacramenti, Congregazione per i Vescovi, Congregazione per l'Evangelizzazione dei Popoli, Congregazione per gli Istituti di Vita Consacrata e le Società di Vita Apostolica, Congregazione per l'Educazione Cattolica, Congregazione per le Cause dei Santi, Congregazione per le Chiese Orientali, Pontificio Consiglio per i Testi Legislativi), secondo quello spirito di corresponsabilità e cooperazione richiamato dall'art. 17 della *Pastor Bonus*.

Al termine di questa consultazione e alla luce dei suggerimenti ricevuti, è stato elaborato il testo definitivo da sottoporre al Santo Padre Francesco in vista dell'approvazione, conformemente all'art. 18 della *Pastor Bonus*.

3. *Note caratterizzanti e contenuti fondamentali*

Il cammino formativo dei sacerdoti, sin dagli anni del Seminario, è descritto nella presente *Ratio Fundamentalis* a partire da quattro note caratterizzanti la formazione, che viene presentata come unica, integrale, comunitaria e missionaria.

La formazione dei sacerdoti è il proseguimento di un unico "cammino discepolare", che inizia con il battesimo, si perfeziona con gli altri sacramenti dell'iniziazione cristiana, viene accolto come centro della propria vita al momento dell'ingresso in Seminario e prosegue per tutta l'esistenza.

La formazione – iniziale e permanente – deve essere compresa in una visione integrale, che tenga conto delle quattro dimensioni proposte da *Pastores dabo vobis*, che insieme compongono e strutturano l'identità del seminarista e del presbitero, e lo rendono capace di quel "dono di sé alla Chiesa", che è il contenuto della carità pastorale. Occorre che l'intero percorso di formazione non si identifichi con un solo aspetto, a scapito degli altri, ma sia sempre un cammino integrale del discepolo chiamato al presbiterato.

Tale formazione ha un carattere eminentemente comunitario sin dalla sua origine; la vocazione al presbiterato, infatti, è un dono che Dio fa alla Chiesa e al mondo, una via per santificarsi e santificare gli altri che non va percorsa in maniera individualistica, ma sempre avendo come riferimento una porzione concreta del Popolo di Dio. Tale vocazione viene scoperta e accolta all'interno di una comunità, si forma in Seminario, nel contesto di una comunità educante che comprende varie componenti del Popolo di Dio, per portare il seminarista, con l'ordinazione, a far parte della "famiglia" del presbiterio, al servizio di una comunità concreta. Anche rispetto ai sacerdoti formatori, la presente *Ratio Fundamentalis* intende sottolineare che, in vista dell'efficacia del loro operato, essi devono considerarsi e agire come una vera comunità formativa, che condivide un'unica responsabilità, nel rispetto delle competenze e dell'incarico affidato a ciascuno.

Dal momento che il discepolo sacerdote proviene dalla comunità cristiana e a essa ritorna, per servirla e per guidarla come pastore, la formazione si caratterizza naturalmente in senso missionario, in quanto ha come fine la partecipazione all'unica missione affidata da Cristo alla Sua Chiesa, cioè l'evangelizzazione, in tutte le sue forme.

L'idea di fondo è che i Seminari possano formare discepoli missionari "innamorati" del Maestro, pastori "con l'odore delle pecore", che vivano in mezzo a esse per servirle e portare loro la misericordia di Dio. Per questo è necessario che ogni sacerdote si senta sempre un discepolo in cammino, bisognoso costantemente di una formazione integrale, intesa come continua configurazione a Cristo.

All'interno di questa unica formazione, integrale e progressiva, si distinguono la fase iniziale e quella permanente. A sua volta, nella presente *Ratio Fundamentalis*, la formazione iniziale viene articolata in varie tappe: propedeutica, degli studi filosofici o discepolare, degli studi teologici o configuratrice, pastorale o di sintesi vocazionale.

Proposto in questi termini, il percorso formativo presenta alcuni sviluppi rispetto alla *Ratio Fundamentalis* del 1970. Dopo la fase di sperimentazione e verifica, iniziata col Sinodo dei Vescovi del 1990 (VIII Assemblea Generale), la "tappa propedeutica", con un'identità e una proposta formativa specifiche, è presentata come necessaria e obbligatoria.

Riguardo alla "tappa discepolare" e a quella "configuratrice", tali denominazioni accompagnano quelle consuete di "fase degli studi filosofici" e "fase degli studi teologici", che si estendono per un sessennio.[4] Si vuole per altro evidenziare che l'ambito intellettuale, con gli studi previsti di Filosofia e di Teologia, non è l'unico da considerare in vista della valutazione del cammino compiuto in ogni tappa dal seminarista e dei progressi conseguiti. Piuttosto, il discernimento complessivo, operato dai formatori su tutti gli ambiti della formazione, consentirà il passaggio alla tappa successiva solo a quei seminaristi che, oltre ad aver sostenuto gli esami previsti, abbiano raggiunto il grado di maturità umana e vocazionale di volta in volta richiesto.

Infine, la "tappa pastorale", o "di sintesi vocazionale", intende conferire una peculiare importanza al tempo che intercorre tra la conclusione della formazione in Seminario e l'ordinazione presbiterale, al fine di favorire nel candidato l'adeguata consapevolezza in vista di essa.

Il discepolato e la configurazione a Cristo, ovviamente, accompagnano tutta la vita; ciò che le denominazioni di tappa discepolare e tappa configuratrice intendono proporre è la speciale attenzione da dedicare in due momenti della formazione iniziale alla consapevolezza dell'essere discepoli e alla necessità di intendere la chiamata al ministero e la vita sacerdotale come una continua configurazione a Cristo.

Quanto alla formazione permanente, per sua natura, essa non può essere schematizzata in "tappe" precostitu-

[4] Cfr. C.I.C., can. 250.

ite; pertanto, sono stati indicati soltanto momenti, situazioni e strumenti, che possono giovare ai sacerdoti e agli incaricati della formazione permanente per vivere e per proporre iniziative concrete.

All'interno di questa *Ratio Fundamentalis*, come già in quella del 1970, si trova anche l'*Ordo Studiorum*, che comprende un elenco indicativo delle materie che devono essere parte del corso di studi dei seminaristi, nelle sue diverse fasi, all'interno della più ampia formazione intellettuale. Esso dovrà essere integralmente applicato nei Seminari e nelle case di formazione che organizzano al proprio interno i corsi di studio previsti per il sessennio filosofico-teologico, oltre, naturalmente, ai corsi della fase propedeutica e a quelli relativi alle materie ministeriali.

Nel testo della presente *Ratio Fundamentalis* sono presentati orientamenti di vario genere – teologico, spirituale, pedagogico, canonico – e norme vere e proprie, che ripropongono quelle del Codice di Diritto Canonico e determinano più precisamente i modi da osservarsi nella loro applicazione.[5] Nel documento, orientamenti e norme non sono rigidamente separati, pur essendo stato esplicitato il valore precettivo o orientativo di ogni passo; piuttosto, sono stati integrati, al fine di offrire un testo arricchito da apporti e contributi diversi.

[5] Cfr. *ibid.*, can. 31, § 1.

I
NORME GENERALI

a) *Ambito di applicazione*

1. La presente *Ratio Fundamentalis Institutionis Sacerdotalis*[1] si applica integralmente ai Paesi che rientrano nella competenza della Congregazione per il Clero. Tenendo invece conto del Decreto conciliare *Ad gentes*, n. 16 e dell'art. 88, § 2 della Cost. Apost. *Pastor Bonus*, essa si applica parzialmente ai territori di competenza della Congregazione per l'Evangelizzazione dei Popoli; infatti, tale Dicastero ha il compito di "formare il clero secolare", secondo i propri orientamenti e norme, ma la presente *Ratio* è normativa relativamente al "Piano generale degli studi", anche per i territori soggetti alla competenza della Congregazione per l'Evangelizzazione dei Popoli. Inoltre, alle norme della *Ratio Fundamentalis* dovranno essere conformate, con i

[1] Il documento è un decreto generale esecutivo, *ex* can. 31, § 1, C.I.C., in applicazione delle norme codiciali relative alla formazione, che sostituisce la *Ratio fundamentalis institutionis sacerdotalis* del 6 gennaio 1970, rivista tramite la nuova edizione del 19 marzo 1985; cfr. CONCILIO ECUMENICO VATICANO II, Decreto sulla formazione sacerdotale *Optatam totius* (28 ottobre 1965), n. 1: *AAS* 58 (1966), 713.

dovuti adattamenti, anche le *Ratio* degli Istituti di vita consacrata e delle Società di vita apostolica,[2] dipendenti dalla Congregazione per gli Istituti di Vita Consacrata e le Società di Vita Apostolica e da quella per l'Evangelizzazione dei Popoli, nonché dalla Pontificia Commissione *Ecclesia Dei* per quanto concerne quei «*membri che si preparano a ricevere gli ordini sacri*»,[3] nonché le *Ratio* delle Associazioni clericali alle quali è stato concesso il diritto di incardinare chierici, quelle delle Prelature personali, degli Ordinariati Militari e degli Ordinariati personali.[4] Per questo, quando si fa riferimento alle competenze dell'Ordinario, esse riguardano anche i Superiori maggiori degli Istituti di vita consacrata e delle Società di vita apostolica clericali di diritto pontificio, a meno che dal contesto non si intenda solo il Vescovo diocesano.

In base agli artt. 56 e 58, § 2 della Cost. Apost. *Pastor Bonus*, la presente *Ratio Fundamentalis* non si applica alle Chiese orientali cattoliche che sono soggette alla competenza della Congregazione per le Chiese Orientali e che in questa materia devono preparare le loro norme, a partire

[2] Cfr. GIOVANNI PAOLO II, Costituzione apostolica *Pastor Bonus* (28 giugno 1988), artt. 88, § 2 e 108, § 2: *AAS* 80 (1988), 882 e 887.

[3] C.I.C., can. 659, § 3.

[4] Cfr. BENEDETTO XVI, Costituzione apostolica *Anglicanorum coetibus* (4 novembre 2009): *AAS* 101 (2009), 985-990.

dal proprio patrimonio liturgico, teologico, spirituale e disciplinare.

Occorre inoltre precisare che essa si applica integralmente nelle case di formazione dei movimenti e delle nuove comunità ecclesiali, unitamente alla *Ratio Nationalis* elaborata dalla Conferenza Episcopale del Paese dove tale istituto si trova, sotto l'autorità del Vescovo diocesano. Per quanto riguarda gli studi accademici di filosofia e di teologia, come tali definibili in base alla legislazione canonica, ecclesiastica e/o civile, nonché le facoltà ecclesiastiche, è invece competente la Congregazione per l'Educazione Cattolica,[5] a cui spetta, inoltre, la cura di accordi con le autorità civili competenti.

2. La Congregazione per il Clero, della quale fa parte la Pontificia Opera per le Vocazioni Sacerdotali,[6] «*esprime e traduce in atto la sollecitudine della Sede Apostolica circa la formazione di coloro che sono chiamati agli Ordini sacri*», e annovera tra i suoi compiti istituzionali quello di assistere «*i Vescovi*

[5] Le rispettive competenze dei due Dicasteri sono state fissate da BENEDETTO XVI, Lettera apostolica *Ministrorum institutio* (16 gennaio 2013), art. 6: *AAS* 105 (2013), 134: «La Congregazione per l'Educazione Cattolica è competente per l'ordinamento degli studi accademici di filosofia e di teologia, sentita la Congregazione per il Clero, per quanto di rispettiva competenza».

[6] Cfr. PIO XII, Motu proprio *Cum nobis* (4 novembre 1941), n. 13: *AAS* 33 (1941), 479; *Ministrorum institutio*, art. 7: *AAS* 105 (2013), 134.

perché nelle loro Chiese siano coltivate col massimo impegno le vocazioni ai ministeri sacri e nei Seminari» venga offerta «*una solida formazione sia umana e spirituale, sia dottrinale e pastorale*».[7]

La Congregazione per il Clero, pertanto, promuove la pastorale vocazionale, specialmente le vocazioni agli ordini sacri, e offre ai Vescovi e alle Conferenze Episcopali principi e norme per la formazione iniziale e permanente dei chierici.

b) *Elaborazione della Ratio Nationalis*

3. Sulla base di questa *Ratio Fundamentalis Institutionis Sacerdotalis*, ogni Conferenza Episcopale dovrà stilare una propria *Ratio Nationalis* che, a tenore del n. 1 del Decreto conciliare *Optatam totius* e del can. 242, § 1 del Codice di Diritto Canonico, deve essere approvata da questa stessa Congregazione, sentito opportunamente il parere della Congregazione per l'Educazione Cattolica per quanto di competenza; ciò al fine di garantire la necessaria armonia e il coordinamento dell'Ordinamento degli Studi e la sua congruità con l'Ordinamento degli Studi dei diversi Paesi.

Qualora in seguito si presentasse la necessità di apportare alcune modifiche alla *Ratio Nationalis* precedentemente approvata, a causa del sopraggiungere di situazioni nuove e inattese, si potrà emendare il testo, richiedendo un'ulteriore

[7] *Ministrorum institutio*, artt. 4-5: *AAS* 105 (2013), 133-134, che ha modificato gli artt. 93, § 2 e 94 della Cost. ap. *Pastor Bonus*.

approvazione alla Congregazione per il Clero. Sulla base delle esperienze maturate, o in vista dello scadere del termine prefissato, la *Ratio Nationalis* dovrà essere riesaminata dall'organismo competente della Conferenza Episcopale, per poi essere nuovamente sottoposta all'approvazione di questo Dicastero. Ulteriori revisioni e le debite approvazioni potranno e dovranno essere periodicamente effettuate e richieste, nel caso in cui sembri necessario alla Conferenza Episcopale, o quando, per giusta causa, la Congregazione per il Clero lo ritenga opportuno.[8]

4. Il diritto e il dovere di redigere la *Ratio Nationalis Institutionis Sacerdotalis*, come pure quello, qualora se ne ravvisasse l'opportunità e l'utilità, di approvare particolari esperienze nel territorio della Conferenza Episcopale o nella Regione, competono alle Conferenze Episcopali e non ai singoli Vescovi.[9]

Le norme di tale *Ratio* dovranno essere osservate in tutti i Seminari diocesani e interdiocesani del Paese[10] e le loro particolari applicazioni dovranno entrare nello Statuto, nel Regolamento e nel Progetto formativo proprio di ciascuna istituzione.[11]

5. Al fine di favorire un dialogo costante tra la Santa Sede e le Chiese particolari, in segno di vicinanza e per

[8] Cfr. C.I.C., can. 242, § 1.

[9] Cfr. *ibid.*

[10] Cfr. *ibid.*, can. 242, § 2.

[11] Cfr. *ibid.*, can. 243.

ricevere consiglio e sostegno, i Seminari interdiocesani, secondo quanto stabilito nel loro Statuto, invieranno periodicamente una relazione alla Congregazione per il Clero sull'attività formativa svolta.

c) *Responsabilità delle Conferenze Episcopali*

6. Fatta salva l'autorità del Vescovo diocesano, la *Ratio Nationalis* tende a unificare la formazione presbiterale nel Paese, facilitando così il dialogo tra i Vescovi e i formatori, a beneficio dei seminaristi e degli stessi Seminari.[12]

7. La *Ratio Nationalis* dovrà fare riferimento alle dimensioni formative previste dal presente documento per i candidati al sacerdozio, in modo tale che questi possano formarsi integralmente ed essere debitamente preparati per affrontare le sfide del nostro tempo. Ogni *Ratio Nationalis* dovrà anche definire le tappe della formazione e l'ordinamento degli studi, i loro obiettivi e la loro durata, nel rispetto delle norme di diritto universale. Nella proposta educativa in vista del sacerdozio la *Ratio Nationalis* dovrà assicurare la necessaria unitarietà all'interno del proprio Paese, tenendo altresì conto delle eventuali diversità culturali esistenti.

Ogni *Ratio Nationalis* dovrà riportare e attualizzare nel suo contesto quanto previsto dalla *Ratio Fundamentalis* e comprendere sempre i seguenti elementi:

[12] Cfr. *ibid.*, can. 242, § 2.

a. una descrizione almeno sommaria del contesto sociale, culturale ed ecclesiale concreto in cui i futuri presbiteri si troveranno a esercitare il loro ministero;

b. una sintesi su eventuali accordi raggiunti dalla Conferenza Episcopale circa l'organizzazione dei Seminari del Paese;

c. alcuni cenni sulla pastorale delle vocazioni e i suoi strumenti;

d. una esposizione delle tappe della formazione, contestualizzata nella realtà del Paese;

e. una descrizione dei mezzi da adottare per la cura delle dimensioni formative (umana, spirituale, intellettuale e pastorale);

f. l'Ordinamento degli Studi propedeutici, filosofici e teologici, comprensivo della presentazione delle materie, con alcune indicazioni circa gli obiettivi e i contenuti da trattare in ciascuna di esse, unitamente al numero di crediti formativi necessari per ogni disciplina.

8. Nella elaborazione della *Ratio Nationalis* è necessario che ogni Conferenza Episcopale tenga nella dovuta considerazione le caratteristiche e le esigenze specifiche del proprio ambiente socio-educativo. Inoltre, dovrà essere promossa la collaborazione tra le diverse Circoscrizioni Ecclesiastiche presenti nel territorio, cercando di prestare attenzione alle realtà locali, al fine di garantire la migliore offerta formativa

possibile, tanto nei Seminari numericamente rilevanti, quanto in quelli più piccoli.

Secondo il prudente giudizio di ogni Conferenza Episcopale, l'*iter* per l'elaborazione e per i successivi aggiornamenti della *Ratio Nationalis* potrebbe prevedere i seguenti passaggi: innanzitutto la Conferenza Episcopale, tramite appositi incaricati, potrebbe consultare direttamente i Seminari e, ove fosse presente, anche l'Organizzazione nazionale dei Seminari; essa potrebbe poi affidare alla Commissione Episcopale per il Clero e per i Seminari l'elaborazione di un testo base; infine, nel segno della collegialità e con spirito di collaborazione, la medesima Conferenza Episcopale deve procedere alla stesura finale del testo.

d) *Organizzazioni nazionali e continentali dei Seminari*

9. Dove le circostanze lo rendano possibile o dove tali esperienze siano già in atto, è incoraggiata l'istituzione di organizzazioni sovradiocesane dei Seminari. Infatti, simili organismi possono rappresentare un valido aiuto, in quanto strumenti consultivi per la comunicazione e la collaborazione tra i formatori che operano in diversi istituti, favorendo l'analisi e uno sviluppo più omogeneo delle esperienze educative e didattiche a livello regionale, o un maggiore scambio e confronto a livello internazionale.

Come membri di tali organismi saranno chiamati i formatori dei diversi istituti. Sarà importante che queste organizzazioni operino sotto la guida della Commissione della Conferenza Episcopale per il Clero e i Seminari. In ogni caso, in spirito di comunione ecclesiale, spetterà alla Congregazione per il Clero erigere eventuali organizzazioni a livello universale, mentre alle Conferenze Episcopali o alle varie organizzazioni di queste (per es., il Consejo Episcopal Latinoamericano [CELAM], il Consilium Conferentiarium Episcoporum Europae [CCEE], la Federation of Asian Bishops' Conferences [FABC], etc.), dopo aver consultato questo Dicastero, spetta l'erezione di quelle operanti entro il loro territorio e di quelle continentali, approvandone gli statuti e nel rispetto delle competenze dei singoli Vescovi diocesani e delle Conferenze Episcopali.

Come già avviene in alcune regioni, potrà essere di grande utilità che tali organizzazioni, per i territori di loro competenza, promuovano corsi per i formatori e attività di studio circa le tematiche legate alla vocazione e alla formazione presbiterale, al fine di offrirne i risultati alle Conferenze Episcopali interessate.[13]

e) Progetto formativo di ogni Seminario

10. Il Vescovo diocesano (o i Vescovi interessati, nel caso di un Seminario interdiocesano), coadiuvato dalla comunità dei formatori del Seminario, ha il compito di

[13] Cfr. *Optatam totius*, n. 5: *AAS* 58 (1966), 716-717.

elaborare un progetto di "formazione integrale", chiamato anche itinerario formativo, e di promuoverne l'effettiva applicazione,[14] nel rispetto delle diverse tappe e del percorso pedagogico proposto in esso. Riferendosi alla *Ratio Fundamentalis*, tale progetto si prefigge lo scopo di declinare la normativa della *Ratio Nationalis* e la visione pedagogica che la ispira, secondo la realtà e le esigenze della Chiesa particolare, tenendo conto della provenienza culturale dei seminaristi, della pastorale della Diocesi e della sua "tradizione formativa".

[14] Cfr. CONGREGAZIONE PER I VESCOVI, Direttorio per il ministero pastorale dei Vescovi *Apostolorum successores* (22 febbraio 2004), n. 90: *Enchiridion Vaticanum* 22 (2006), 1768-1769.

II
LE VOCAZIONI SACERDOTALI

a) *Principi generali*

11. Le vocazioni ecclesiali sono manifestazione delle incommensurabili ricchezze di Cristo (cfr. *Ef* 3, 8) e, pertanto, devono essere tenute in grande considerazione e coltivate con ogni premura e sollecitudine, affinché possano sbocciare e maturare. Fra le molteplici vocazioni incessantemente suscitate dallo Spirito Santo nel Popolo di Dio, quella al sacerdozio ministeriale chiama «*a far parte del sacerdozio gerarchico di Cristo*»[1] e a essere uniti a Lui nel «*pascere la Chiesa con la parola e la grazia di Dio*».[2] Questa vocazione si manifesta in varie circostanze, in relazione alle diverse età della vita umana: negli adolescenti, nell'età adulta e, come attestato dalla costante esperienza della Chiesa, anche nei bambini.

12. La vocazione al sacerdozio ministeriale si inserisce nell'ambito più ampio della vocazione cristiana bat-

[1] *Optatam totius*, n. 2: AAS 58 (1966), 714-715.

[2] CONCILIO ECUMENICO VATICANO II, Costituzione dogmatica sulla Chiesa *Lumen gentium* (21 novembre 1964), n. 11: *AAS* 57 (1965), 15.

tesimale, mediante la quale il Popolo di Dio, «*costituito da Cristo per una comunione di vita, di carità e di verità, è pure da lui assunto ad essere strumento della redenzione di tutti e, quale luce del mondo e sale della terra (*Mt *5, 13-16), è inviato a tutto il mondo*».[3]

13. La missione della Chiesa è quella di «*curare la nascita, l'accompagnamento e il discernimento delle vocazioni, in particolare delle vocazioni al sacerdozio*».[4] Essa, accogliendo la voce del Cristo che invita tutti a pregare il Padrone perché mandi operai per la sua messe (cfr. *Mt* 9, 38 e *Lc* 10, 2), riserva una particolare attenzione alle vocazioni alla vita consacrata e a quelle sacerdotali. Pertanto, è necessario che vengano istituiti e promossi nelle singole Diocesi, regioni e Paesi, i Centri per le Vocazioni[5], i quali, in collaborazione con la Pontificia Opera per le Vocazioni Sacerdotali, sono chiamati a promuovere e a orientare tutta la pastorale vocazionale,[6] fornendo i mezzi necessari.[7] I Vescovi, in

[3] *Ibid.*, n. 9: *AAS* 57 (1965), 13.

[4] Giovanni Paolo II, Esortazione apostolica post-sinodale *Pastores dabo vobis*, n. 34: *AAS* 84 (1992), 713.

[5] Cfr. Congregazione per l'Educazione Cattolica – Pontificia opera per le Vocazioni Sacerdotali, *Orientamenti pastorali per la promozione delle vocazioni al ministero sacerdotale* (25 marzo 2012), n. 13.

[6] Cfr. Pontificia opera per le Vocazioni Sacerdotali, *Sviluppi della pastorale delle vocazioni nelle chiese particolari* (6 gennaio 1992); *Orientamenti pastorali per la promozione delle vocazioni al ministero sacerdotale.*

[7] Cfr. *Optatam totius*, n. 2: *AAS* 58 (1966), 714-715; Concilio

qualità di primi responsabili delle vocazioni al sacerdozio, favoriscano una fattiva cooperazione tra sacerdoti, consacrati e laici (soprattutto i genitori e gli educatori) e anche con gruppi, movimenti e associazioni di fedeli laici, all'interno di un organico piano di pastorale d'insieme.[8]

14. È necessario sostenere le iniziative che potrebbero giovare a ottenere da Dio il dono di nuove vocazioni: innanzitutto la preghiera, personale e comunitaria. Alcuni momenti dell'anno liturgico paiono specialmente adatti

ECUMENICO VATICANO II, Decreto sul ministero e la vita dei presbiteri *Presbyterorum ordinis* (7 dicembre 1965), n. 11: *AAS* 58 (1966), 1008-1009; Decreto sul rinnovamento della vita religiosa *Perfectae caritatis* (28 ottobre 1965), n. 24: *AAS* 58 (1966), 711-712; Decreto sulla missione pastorale dei Vescovi nella Chiesa *Christus Dominus* (28 ottobre 1965), n. 15: *AAS* 58 (1966), 679-680; Decreto sull'attività missionaria della Chiesa *Ad gentes* (7 dicembre 1965), nn. 16 e 39: *AAS* 58 (1966), 966-967 e 986-987.

[8] Cfr. C.I.C. can. 233, § 1; *Optatam totius*, n. 2: *AAS* 58 (1966), 714-715; *Presbyterorum ordinis*, n. 11: *AAS* 58 (1966), 1008-1009; *Lumen gentium*, n. 11: *AAS* 57 (1965), 15-16; *Christus Dominus*, n. 15: *AAS* 58 (1966), 679-680; *Ad gentes*, n. 39: *AAS* 58 (1966), 986-987; *Perfectae caritatis*, n. 24: *AAS* 58 (1966), 711-712; CONCILIO ECUMENICO VATICANO II, Costituzione pastorale sulla Chiesa nel mondo contemporaneo *Gaudium et spes* (7 dicembre 1965), n. 52: *AAS* 58 (1966), 1073-1074; Decreto sull'apostolato dei laici *Apostolicam actuositatem* (18 novembre 1965), n. 11: *AAS* 58 (1966), 847-849; PIO XII, Esortazione al clero del mondo cattolico sulla santità della vita sacerdotale *Menti Nostrae* (23 settembre 1950), cap. III: *AAS* 42 (1950), 683.

allo scopo, e all'Autorità ecclesiastica compete stabilire la data di alcune celebrazioni particolarmente significative. Il Sommo Pontefice ha stabilito da tempo la celebrazione dell'annuale Giornata Mondiale di Preghiera per le Vocazioni nella IV Domenica di Pasqua, detta del Buon Pastore. È inoltre conveniente sostenere le attività volte a suscitare un clima spirituale, che predisponga al discernimento e all'accoglienza della vocazione sacerdotale.[9]

In tale senso, la pastorale vocazionale ha come destinatari uomini appartenenti a diverse fasce d'età, anche se oggigiorno, visto il crescente numero di candidati in età adulta, con alle spalle una o più esperienze lavorative,[10] si

[9] FRANCESCO, Esortazione apostolica *Evangelii gaudium* (24 novembre 2013), n. 107: *AAS* 105 (2013), 1064-1065: «Dove c'è vita, fervore, voglia di portare Cristo agli altri, sorgono vocazioni genuine. Persino in parrocchie dove i sacerdoti non sono molto impegnati e gioiosi, è la vita fraterna e fervorosa della comunità che risveglia il desiderio di consacrarsi interamente a Dio e all'evangelizzazione, soprattutto se tale vivace comunità prega insistentemente per le vocazioni e ha il coraggio di proporre ai suoi giovani un cammino di speciale consacrazione».

[10] Cfr. C.I.C., cann. 233, § 2; 385; *Menti Nostrae*, cap. III: *AAS* 42 (1950), 684; *Apostolorum successores*, n. 87: *Enchiridion Vaticanum* 22 (2006), 1773; S. CONGREGAZIONE PER L'EDUCAZIONE CATTOLICA, Lettera circolare *Vocationes adultorum*, ai Presidenti delle Conferenze Episcopali circa la cura e formazione delle vocazioni adulte (14 luglio 1976): *Enchiridion Vaticanum* 5 (2000), 2097-2108.

avverte la necessità di dedicare una particolare attenzione proprio a questa fascia d'età.

15. Con generosità e spirito ecclesiale, si cerchi di promuovere non soltanto le vocazioni per il servizio alla propria Diocesi o al proprio Paese, ma anche quelle in favore di altre Chiese particolari, secondo le necessità della Chiesa universale, assecondando l'azione divina, che liberamente chiama alcuni al sacerdozio ministeriale in una Chiesa particolare, altri a esercitare il ministero in un Istituto di vita consacrata o in una Società di vita apostolica, e altri ancora alla *missio ad gentes*. È quindi vivamente auspicabile che, in ogni Diocesi, vi sia un unico Centro per la pastorale vocazionale, espressione della cooperazione e dell'unità tra il clero diocesano e quello appartenente alle altre realtà ecclesiali canonicamente riconosciute.[11]

b) *Seminari Minori e altre forme di accompagnamento degli adolescenti*

16. La pastorale delle vocazioni mira a riconoscere e accompagnare la risposta alla chiamata interiore del Signore. Questo processo deve favorire la crescita delle qualità umane e spirituali della persona e verificarne l'au-

[11] Cfr. *Optatam totius*, n. 2: AAS 58 (1966), 714-715; *Presbyterorum ordinis*, nn. 10-11: *AAS* 58 (1966), 1007-1010; *Apostolorum successores*, n. 91: *Enchiridion Vaticanum* 22 (2006), 1787-1789.

tenticità delle motivazioni. Per tali ragioni, in ogni Chiesa particolare, in relazione alle circostanze, ai propri mezzi e alle esperienze acquisite, è conveniente promuovere quelle istituzioni atte a sostenere e a discernere le vocazioni al sacerdozio ministeriale, tenendo conto dell'età e delle condizioni particolari di coloro che in esse si devono formare.

17. *Il Seminario Minore.*[12] Il Codice di Diritto Canonico prescrive: «*Si mantengano, dove esistono, e si favoriscano i Seminari Minori o altri istituti simili; in essi, allo scopo di incrementare le vocazioni, si provveda a dare una particolare formazione religiosa insieme con una preparazione umanistica e scientifica; anzi, se lo ritiene opportuno, il Vescovo diocesano provveda all'erezione del seminario minore o di un istituto analogo*».[13]

18. Lo scopo del Seminario Minore è aiutare la maturazione umana e cristiana degli adolescenti,[14] che mostrano di avere in sé i germi della vocazione al sacerdozio ministeriale, al fine di sviluppare, conformemente alla loro età, quella interiore libertà che li renda capaci di corrispondere al disegno di Dio sulla loro vita.

Laddove questo servizio non si dà nella forma istituzionale del Seminario Minore, ogni Chiesa locale si assuma comunque l'importante compito di provvedere all'ac-

[12] Cfr. *Optatam totius*, n. 3: *AAS* 58 (1966), 715-716; *Pastores dabo vobis*, n. 63: *AAS* 84 (1992), 768-769.

[13] C.I.C., can. 234, § 1; cfr. anche *Apostolorum successores*, n. 86: *Enchiridion Vaticanum* 22 (2006), 1770-1772.

[14] Cfr. *Apostolorum successores*, n. 86.

compagnamento degli adolescenti, promuovendo nuovi approcci e sperimentando forme pastorali creative, al fine di aiutare e orientare la loro crescita umana e spirituale. Si possono citare, fra altre possibilità, i *gruppi vocazionali* per adolescenti, le *comunità di accoglienza* vocazionale, i *collegi cattolici* e altre organizzazioni giovanili.[15]

19. Nei Seminari Minori occorrerà considerare alcune qualità del ragazzo, nonché gli specifici "indizi di vocazione". Concretamente, di grande utilità si possono rivelare, per la valutazione, alcune esperienze anteriori, qualificanti la vita di fede dei ragazzi: ad esempio, il legame spirituale con un sacerdote, il ricorso frequente ai sacramenti, una iniziale pratica della preghiera, l'esperienza ecclesiale parrocchiale o vissuta in gruppi, movimenti e associazioni, la partecipazione alle attività vocazionali promosse dalla Diocesi, l'assunzione di qualche impegno di servizio nella realtà ecclesiale di appartenenza. Occorre inoltre considerare alcune qualità umane che, se debitamente sviluppate, possono aiutare i giovani nella maturazione vocazionale. Spetta quindi ai formatori verificare l'idoneità complessiva (spirituale, fisica, psichica, morale e intellettuale) degli eventuali candidati.

20. Durante il cammino vocazionale del Seminario Minore dovrà essere presa in considerazione la dinamica della crescita della persona, in modo adeguato all'età e

[15] Cfr. *Pastores dabo vobis*, n. 64: *AAS* 84 (1992), 769-770.

con particolare riferimento ad alcuni aspetti: la sincerità e lealtà di fronte a sé e agli altri, il progressivo sviluppo affettivo, la predisposizione a vivere in comunità, la capacità di coltivare amicizie fraterne, il buon grado di responsabilità rispetto ai doveri personali e ai compiti affidati, la creatività e lo spirito di iniziativa, la giusta espressione della libertà, la disponibilità a un cammino di preghiera e di incontro con Cristo.

21. Facendo esperienza dell'amicizia con Gesù, i ragazzi imparino a vivere e sviluppare la fedeltà al Signore, sostenuti dalla preghiera e dalla forza dello Spirito Santo, perché maturino: il servizio umile, inteso come disponibilità verso gli altri e come attenzione al bene comune; l'obbedienza, vissuta come fiducioso ascolto; la castità giovanile, come segno della limpidezza nelle relazioni e nel dono di sé; la povertà, come educazione alla sobrietà nell'uso dei beni e a una vita semplice.

Elemento necessario di questa formazione spirituale è soprattutto la vita liturgica e sacramentale, alla quale i giovani dovranno prendere parte con sempre più viva consapevolezza, secondo il progredire dell'età, unitamente alla devozione mariana e agli altri esercizi di pietà quotidiana o periodica, che sono da stabilirsi, come per gli altri aspetti, nei regolamenti di ciascun Seminario.

22. I giovani ricevano la preparazione scolastica richiesta nel proprio Paese per accedere agli studi universita-

ri.[16] Inoltre, cerchino di conseguire il titolo civile di studio, anche per godere della libertà e della possibilità di scegliere un altro stato di vita, qualora non venga riconosciuta in loro la chiamata al sacerdozio. Sarebbe conveniente che il Seminario offrisse anche una formazione complementare, valorizzando, ad esempio, aspetti culturali, artistici, sportivi, etc. Gli studi potranno essere compiuti nelle scuole proprie del Seminario, presso scuole cattoliche esterne o altre scuole.

23. Data l'importanza e l'esigenza della sfida formativa nel tempo adolescenziale, nel quale inizia la maturazione dell'identità dei ragazzi, è necessario che essi siano accompagnati da formatori che capiscano le esigenze della loro età, siano buoni educatori e testimoni del Vangelo. È auspicabile che i formatori possano avvalersi della collaborazione dei genitori, i quali, soprattutto in questa fase, hanno un ruolo fondamentale per il processo di crescita dei propri figli, nonché del sostegno e della vicinanza della comunità parrocchiale d'origine. Inoltre, i formatori curino che i seminaristi mantengano convenienti e anche necessari rapporti con le proprie famiglie e con i loro coetanei, avendo bisogno di tali rapporti per un sano sviluppo psicologico, specialmente per quanto riguarda la vita affettiva.

[16] Cfr. C.I.C., can. 234, § 2.

c) *Vocazioni in età adulta*

24. Coloro che scoprono la chiamata al sacerdozio ministeriale in età più avanzata si presentano con una personalità più strutturata e un percorso di vita caratterizzato da esperienze diversificate. L'accoglienza iniziale di queste persone in Seminario richiede un periodo previo di cammino spirituale ed ecclesiale, in cui possa svolgersi un serio discernimento delle motivazioni vocazionali.

È necessario valutare con attenzione il tempo intercorso tra il Battesimo, o la conversione cristiana, e l'eventuale ingresso in Seminario,[17] dal momento che non di rado può venirsi a creare una confusione tra la *sequela Christi* e la chiamata al ministero presbiterale.

Come per gli altri seminaristi, si abbia premura di accompagnare questi candidati in un cammino serio e completo, il quale preveda, nell'ambito di una vita comunitaria, una solida formazione spirituale e teologica,[18] mediante un opportuno metodo pedagogico e didattico, che tenga conto del loro personale profilo. Sarà competenza delle Conferenze Episcopali emanare norme specifiche adatte alla propria situazione nazionale, valutando la convenienza di inserire un limite per l'età di ammissione delle suddette vocazioni e con-

[17] Cfr. *Ibid.*, can. 1042, 3°.

[18] Cfr. *Pastores dabo vobis*, n. 64: *AAS* 84 (1992), 769-770; *Vocationes adultorum*, n. 12: *Enchiridion Vaticanum* 5 (2000), 2102.

siderando eventualmente per esse l'erezione di un apposito Seminario.[19]

d) *Vocazioni sbocciate tra gli indigeni*

25. «*Particolare attenzione sarà riservata alle vocazioni sbocciate tra gli indigeni: occorre curare una formazione inculturata nel loro ambiente. Questi candidati al sacerdozio, mentre ricevono l'adeguata formazione teologica e spirituale per il loro futuro ministero, non devono smarrire le radici che hanno nella loro cultura*»;[20] la sola presenza di queste vocazioni è un elemento importante per l'inculturazione del Vangelo in tali regioni e la ricchezza della loro cultura deve essere adeguatamente valorizzata. Qualora fosse necessario, si può offrire un servizio vocazionale nella lingua di appartenenza, contestualizzato nella particolare cultura locale.

e) *Vocazioni e migranti*

26. Un fenomeno assai diffuso riguarda la crescente migrazione di popoli a causa di molteplici ragioni di natura sociale, economica, politica e religiosa.[21] È importante

[19] Cfr. *Apostolorum successores*, n. 87.

[20] Giovanni Paolo II, Esortazione apostolica post-sinodale *Ecclesia in America* (22 gennaio 1999), n. 40: *AAS* 91 (1999), 776.

[21] Cfr. Francesco, Esortazione apostolica post-sinodale *Amoris laetitia* (19 marzo 2016), n. 46, Libreria Editrice Vaticana 2016.

che la comunità cristiana offra una costante cura pastorale alle famiglie immigrate, che da tempo vivono e lavorano in un altro Paese e ne rappresentano una preziosa risorsa; da esse possono nascere delle vocazioni al ministero presbiterale, da accompagnare tenendo conto della loro progressiva integrazione culturale.[22]

27. Altri, che si sentono chiamati dal Signore, lasciano il proprio Paese per ricevere altrove una formazione al presbiterato. È importante considerare la loro storia personale e quella del contesto di provenienza, e verificare attentamente le motivazioni della loro scelta vocazionale, facendo il possibile per entrare in dialogo con la Chiesa locale d'origine. In ogni caso, durante il processo formativo, bisognerà trovare i metodi e gli strumenti adatti per una adeguata integrazione, senza sottovalutare la sfida della diversità culturale che, talvolta, rende complesso il discernimento vocazionale.

[22] Cfr. Pontificio consiglio per la Pastorale dei Migranti e degli Itineranti, Istruzione *Erga migrantes caritas Christi* (3 maggio 2004), n. 45: *Enchiridion Vaticanum* 22 (2006), 2480-2481.

III
I FONDAMENTI DELLA FORMAZIONE

a) *Il soggetto della formazione*

28. Durante l'*iter* formativo verso il sacerdozio ministeriale il seminarista si presenta come un "mistero a se stesso", nel quale si intrecciano e coesistono due aspetti della sua umanità, da integrare reciprocamente: da un lato, essa è caratterizzata da doti e ricchezze, plasmata dalla grazia; dall'altro, è segnata da limiti e fragilità. Il compito formativo consiste nel cercare di aiutare la persona a integrare questi aspetti, sotto l'influsso dello Spirito Santo, in un cammino di fede e di progressiva e armonica maturazione di tutte le componenti, evitando le frammentazioni, le polarizzazioni, gli eccessi, la superficialità o le parzialità. Il tempo di formazione verso il sacerdozio ministeriale è un tempo di prova, di maturazione e di discernimento da parte del seminarista e dell'istituzione formativa.

29. Il seminarista è chiamato a "uscire da se stesso",[1] per andare, nel Cristo, verso il Padre e verso gli altri, ab-

[1] Cfr. FRANCESCO, *Discorso ai seminaristi, ai novizi e alle novizie provenienti da varie parti del mondo in occasione dell'Anno della Fede* (6 luglio 2013): *Insegnamenti* I/2 (2013), 13.

bracciando la chiamata al presbiterato, impegnandosi a collaborare con lo Spirito Santo per realizzare una sintesi interiore, serena e creativa, tra forza e debolezza. Il progetto educativo aiuta i seminaristi a ricondurre a Cristo tutti gli aspetti della loro personalità, così da renderli consapevolmente liberi per Dio e per gli altri.[2] Soltanto in Cristo crocifisso e risorto, infatti, ha senso e compimento questo percorso di integrazione; in Lui si ricapitolano tutte le cose (cfr. *Ef* 1, 10), affinché «*Dio sia tutto in tutti*» (1 *Cor* 15, 28).

b) *La base e lo scopo della formazione: l'identità presbiterale*

30. Per la formazione integrale del candidato occorre riflettere circa l'identità del presbitero.[3] Una prima considerazione deve essere di natura *teologica*, in quanto la vocazione al presbiterato è radicata e trova la sua ragion d'essere in Dio, nel suo disegno d'amore. Gesù realizza

[2] Cfr. S. Congregazione per l'Educazione Cattolica, *Orientamenti educativi per la formazione al celibato sacerdotale* (11 aprile 1974), n. 38: *Enchiridion Vaticanum* 5 (2000), 275-276; Congregazione per l'Educazione Cattolica, *Orientamenti per l'utilizzo delle competenze psicologiche nell'ammissione e nella formazione dei candidati al sacerdozio* (29 giugno 2008), n. 9: *Enchiridion Vaticanum* 25 (2011), 1268-1269.

[3] Cfr. Congregazione per il Clero, *Direttorio per il ministero e la vita dei presbiteri* (11 febbraio 2013), cap. i.

la nuova alleanza per mezzo dell'offerta di sé e del suo sangue, e così genera il popolo messianico, che «*costituisce per tutta l'umanità il germe più forte di unità, di speranza e di salvezza*».[4] Come ricorda il Concilio Vaticano II, la natura e la missione dei presbiteri è da intendersi all'interno della Chiesa, Popolo di Dio, Corpo di Cristo e Tempio dello Spirito Santo,[5] al cui servizio essi consacrano la loro vita.

31. Tutta la comunità credente, attraverso l'unzione dello Spirito, è costituita come sacramento visibile per la salvezza del mondo; l'intero Popolo di Dio, infatti, partecipa all'opera redentrice del Cristo,[6] offrendo un «*sacrificio vivente, santo e gradito a Dio*» (*Rm* 12, 1) come popolo sacerdotale.[7] L'unità e la dignità della vocazione battesimale precedono ogni differenza ministeriale. Il Concilio Vaticano II, infatti, afferma che «*il sacerdozio comune dei fedeli e il sacerdozio ministeriale o gerarchico, quantunque differiscano essenzialmente e non solo di grado, sono tuttavia ordinati l'uno all'altro, poiché l'uno e l'altro, ognuno a suo proprio modo, partecipano dell'unico sacerdozio di Cristo*».[8] Il ministero presbiterale, quindi, è

[4] *Lumen gentium*, n. 9: *AAS* 57 (1965), 13.
[5] Cfr. *ibid.*, n. 17: *AAS* 57 (1965), 21.
[6] Cfr. *ibid.*, n. 10: *AAS* 57 (1965), 14-15; C.I.C., can. 204, § 1.
[7] Cfr. 1 *Pt* 2, 4-9.
[8] *Lumen gentium*, n. 10: *AAS* 57 (1965), 14.

interpretato, nella sua natura specifica come pure nei suoi fondamenti biblici e teologici, come servizio alla gloria di Dio e ai fratelli, nel loro sacerdozio battesimale.[9]

32. Ogni credente è unto dallo Spirito Santo e partecipa, attivamente e secondo i carismi che gli sono propri, alla missione della Chiesa, ma è altresì vero che «*lo stesso Signore, affinché i fedeli fossero uniti in un corpo solo, di cui però "non tutte le membra hanno la stessa funzione"* (Rm *12, 4), scelse alcuni di loro come ministri, in modo che nella comunità dei fedeli avessero la sacra potestà dell'ordine per offrire il sacrificio e perdonare i peccati, e che in nome di Cristo svolgessero per gli uomini in forma ufficiale la funzione sacerdotale*».[10] Ciò significa che i presbiteri, in comunione con l'ordine episcopale, sono inseparabilmente parte della comunità ecclesiale e, al contempo, sono costituiti per essere pastori e guide, per volontà di Cristo e in continuità con l'opera degli Apostoli. Pertanto, «*il sacerdote si pone non soltanto nella Chiesa ma anche di fronte alla Chiesa*».[11]

33. Il presbitero, membro del Popolo santo di Dio, è chiamato a coltivare il suo dinamismo missionario, esercitando con umiltà il compito pastorale di guida autorevole,

[9] Cfr. *ibid.*, nn. 10 e 18: *AAS* 57 (1965), 14-15 e 21-22; *Presbyterorum ordinis*, n. 2: *AAS* 58 (1966), 991-993; *Catechismo della Chiesa Cattolica*, nn. 1547 e 1592.

[10] *Presbyterorum ordinis*, n. 2: *AAS* 58 (1966), 992.

[11] *Pastores dabo vobis*, n. 16: *AAS* 84 (1992), 681.

maestro della Parola e ministro dei sacramenti,[12] praticando una feconda paternità spirituale.

I futuri presbiteri, pertanto, siano educati in modo da non cadere nel "clericalismo", né cedere alla tentazione di impostare la propria vita sulla ricerca del consenso popolare, che inevitabilmente li renderebbero inadeguati nell'esercizio del loro ministero di guida della comunità, portandoli a considerare la Chiesa alla stregua di una semplice istituzione umana.

34. D'altra parte, l'ordinazione presbiterale che l'ha costituito guida del popolo, con l'effusione dello Spirito Santo attraverso l'imposizione delle mani da parte del Vescovo, non deve condurre il presbitero a "spadroneggiare" sul gregge (cfr. 1 *Pt* 5, 3): «*ogni autorità va, infatti, esercitata in spirito di servizio, come "amoris officium" e dedizione disinteressata per il bene del gregge*».[13]

In conclusione, all'origine della vocazione sacerdotale c'è un dono della grazia divina, concretizzato poi nell'ordinazione sacramentale. Tale dono si esprime nel tempo per mediazione della Chiesa, che chiama e invia in nome

[12] Cfr. Congregazione per il Clero, *Il presbitero maestro della Parola, ministro dei sacramenti e guida della comunità in vista del terzo millennio cristiano* (19 marzo 1999): *Enchiridion Vaticanum* 18 (2002), 289-376.

[13] *Direttorio per il ministero e la vita dei presbiteri*, n. 25; cfr. anche *Mt* 20, 25-28 e *Mc* 10, 42-45; Francesco, Udienza generale (26 marzo 2014): *L'Osservatore Romano* 70 (27 marzo 2014), 8.

di Dio. Correlativamente, la risposta personale si sviluppa in un processo, che inizia con la consapevolezza del dono ricevuto e matura gradualmente, con l'aiuto della spiritualità sacerdotale, fino a configurarsi come una forma stabile di vita, con un insieme di doveri e di diritti, e una missione specifica assunta dall'ordinato.

c) *Il cammino della formazione come configurazione a Cristo*

35. I presbiteri, configurati nel loro essere a Cristo Capo, Pastore, Servo e Sposo,[14] partecipano al suo unico sacerdozio, nella sua missione salvifica, come collaboratori dei Vescovi. Così, sono nella Chiesa e nel mondo un segno visibile dell'amore misericordioso del Padre. Queste caratteristiche della persona di Cristo aiutano a comprendere meglio il sacerdozio ministeriale nella Chiesa, ispirando e orientando, sotto l'azione dello Spirito, la formazione dei seminaristi, perché, inseriti nel mistero trinitario, raggiungano la propria configurazione a Cristo.[15]

36. La Lettera agli Ebrei presenta il tema del sacerdozio di Cristo come espressione della sua missione tra gli uomini.[16] Il primo tratto che caratterizza Cristo come

[14] Cfr. *Presbyterorum ordinis*, n. 2: *AAS* 58 (1966), 991-993; *Pastores dabo vobis*, n. 3: *AAS* 84 (1992), 660-662; *Direttorio per il ministero e la vita dei presbiteri*, n. 6.

[15] Cfr. *Presbyterorum ordinis*, n. 2: *AAS* 58 (1966), 991-993.

[16] Cfr. Benedetto XVI, *Incontro con i Parroci della Diocesi di Roma* (18 febbraio 2010): *Insegnamenti* VI/1 (2010), 243.

vero Sommo Sacerdote è la sua singolare prossimità, che lo rende vicino, tanto a Dio quanto agli uomini.[17] Cristo, pieno di misericordia, è il Sacerdote «*santo, innocente, senza macchia*» (*Eb* 7, 26) che, avendo offerto se stesso «*con forti grida e lacrime*» (5, 7), «*è in grado di sentire giusta compassione*» (5, 2) per ogni nostra infermità e diviene «*causa di salvezza eterna per tutti coloro che gli obbediscono*» (5, 9).

Vero Dio e vero uomo, nell'amore, Cristo ha portato a compimento le realtà precedenti: del sacerdozio (cfr. *Eb* 7, 1-28), dell'alleanza (cfr. 8, 1-9,28), del sacrificio (cfr. 10, 1-18). In modo particolare, nuovo è stato il sacrificio offerto da Cristo Sacerdote: Egli non ha offerto sangue di capri e di vitelli, ma il suo stesso sangue, per fare la volontà del Padre. Le parole di Gesù nel Cenacolo, «*Questo è il mio corpo, che è dato per voi; fate questo in memoria di me [...] Questo calice è la nuova alleanza nel mio sangue, che è versato per voi*» (*Lc* 22, 19-20), spiegano la «*specifica reciprocità tra l'Eucaristia e il Sacerdozio [...]: si tratta di due Sacramenti nati insieme, le cui sorti sono indissolubilmente legate fino alla fine del mondo*».[18] Così, il ministero e la vita del presbitero sono essenzialmente radicati nell'Eucaristia.

37. Colui che dà la propria vita in sacrificio si presenta come il Buon Pastore,[19] venuto a radunare le peco-

[17] Cfr. *Pastores dabo vobis*, n. 13: *AAS* 84 (1992), 677-678.

[18] Giovanni Paolo II, *Lettera ai sacerdoti per il Giovedì Santo* (28 marzo 2004): *Insegnamenti* XXVII/1 (2004), 390.

[19] Cfr. *Pastores dabo vobis*, n. 22: *AAS* 84 (1992), 690-691.

re disperse della casa di Israele e a condurle nell'ovile del Regno di Dio (cfr. *Mt* 9, 36 e 15, 24; *Gv* 10, 14-16). Con questa immagine, ampiamente presente nella storia della salvezza, Cristo rivela che Dio è Colui che raduna, accompagna, segue e cura il proprio gregge. Appare qui l'immagine di un Dio-Pastore, che condivide la nostra vita fino a prendere su di sé la nostra sofferenza e la nostra morte.[20]

38. Gesù, Figlio di Dio, ha assunto la condizione di servo fino alla morte (cfr. *Fil* 2, 6-8). Prima di morire sulla croce, Egli ha lavato i piedi dei discepoli, chiedendo loro di fare lo stesso (cfr. *Gv* 13, 1-17). Particolarmente suggestivo appare, con riferimento al cosiddetto quarto canto del servo sofferente del profeta Isaia (cfr. *Is* 52, 13 - 53, 12), il legame tra ministero presbiterale e missione di Cristo. Il servo sofferente è una prefigurazione di ciò che Egli realizzerà a favore dell'umanità attraverso la condivisione compassionevole del dolore e della morte, fino al dono della propria vita sulla croce (cfr. *Is* 53, 4-8).

39. L'ordinazione presbiterale richiede, in chi la riceve, una donazione totale di sé, per il servizio al Popolo di Dio, a immagine di Cristo Sposo: «*il donarsi di Cristo alla Chiesa, frutto del suo amore, si connota di quella dedizione originale che è propria dello sposo nei riguardi della sposa*».[21] Il presbitero è

[20] Cfr. Benedetto XVI, Lettera enciclica *Spe Salvi* (30 novembre 2007), n. 6: *AAS* 99 (2007), 990-991.

[21] *Pastores dabo vobis*, n. 22: *AAS* 84 (1992), 691.

chiamato ad assumere in sé i sentimenti e gli atteggiamenti di Cristo nei riguardi della Chiesa, amata teneramente attraverso l'esercizio del ministero; pertanto, a lui è richiesto «*di essere capace di amare la gente con cuore nuovo, grande e puro, con autentico distacco da sé, con dedizione piena, continua e fedele, e insieme con una specie di "gelosia" divina, con una tenerezza che si riveste persino delle sfumature dell'affetto materno*».[22]

40. Il presbitero è quindi chiamato a formarsi perché il suo cuore e la sua vita siano conformi al Signore Gesù, così da divenire segno dell'amore di Dio per ogni uomo. Intimamente unito a Cristo, egli potrà: annunciare il Vangelo e diventare strumento della misericordia di Dio; guidare e correggere; intercedere e aver cura della vita spirituale dei fedeli a lui affidati; ascoltare e accogliere, corrispondendo anche alle esigenze e alle domande profonde del nostro tempo.[23]

[22] *Ibid.*

[23] FRANCESCO, *Discorso ai Rettori e agli alunni dei Pontifici Collegi e Convitti di Roma* (12 maggio 2014): *L'Osservatore Romano* 108 (14 maggio 2014), 5: «Alcune volte, il pastore deve andare avanti, per indicare la strada; altre volte, in mezzo, per conoscere cosa succede; tante volte, dietro, per aiutare quegli ultimi e anche per seguire il fiuto delle pecore che sanno dove c'è l'erba buona»; cfr. anche *Id.*, Udienza generale, 26 marzo 2014: *L'Osservatore Romano* 70 (27 marzo 2014), 8; *Discorso ai preti della diocesi di Roma* (6 marzo 2014): *L'Osservatore Romano* 54 (7 marzo 2014), 8.

d) *Per una formazione all'interiorità e alla comunione*

41. La cura pastorale dei fedeli richiede che il presbitero abbia una solida formazione e una maturità interiore, in quanto egli non può limitarsi a mostrare un "semplice rivestimento di abiti virtuosi", una mera obbedienza esteriore e formalistica a principi astratti, ma è chiamato ad agire con una grande libertà interiore. Infatti, da lui si esige che interiorizzi, giorno dopo giorno, lo spirito evangelico, grazie a una costante e personale relazione d'amicizia con Cristo, fino a condividerne i sentimenti e gli atteggiamenti.

Pertanto, crescendo nella carità, il futuro presbitero cercherà di sviluppare un'equilibrata e matura capacità di relazionarsi col prossimo. Egli, infatti, è anzitutto chiamato a quella serenità di fondo, umana e spirituale,[24] che, superata ogni forma di protagonismo o dipendenza affettiva, gli consente di essere l'uomo della comunione, della missione e del dialogo,[25] capace di spendersi con generosità e sacrificio per il popolo di Dio, contemplando il Signore, che offre la Sua vita per gli altri.

42. Per formarsi allo spirito del Vangelo, l'uomo interiore ha bisogno di un'attenta e fedele cura della vita

[24] Cfr. *Id.*, *Discorso ai partecipanti al Convegno promosso dalla Congregazione per il Clero, in occasione del 50° anniversario dei Decreti conciliari "Optatam totius" e "Presbyterorum ordinis"* (20 novembre 2015): *L'Osservatore Romano* 267 (21 novembre 2015), 8.

[25] Cfr. *Pastores dabo vobis*, n. 18: *AAS* 84 (1992), 684-686.

spirituale, centrata prioritariamente sulla comunione con Cristo secondo i Misteri celebrati nell'Anno liturgico e nutrita dalla preghiera personale e dalla meditazione sulla Parola ispirata. Nell'orazione silenziosa, che lo apre a una relazione autentica con Cristo, il seminarista diviene docile all'azione dello Spirito, che progressivamente lo plasma a immagine del Maestro. In questa relazione intima con il Signore e nella comunione fraterna, i seminaristi saranno accompagnati a riconoscere e correggere la "mondanità spirituale": l'ossessione per l'apparenza, una presuntuosa sicurezza dottrinale o disciplinare, il narcisismo e l'autoritarismo, la pretesa di imporsi, la cura soltanto esteriore e ostentata dell'azione liturgica, la vanagloria, l'individualismo, l'incapacità di ascolto dell'altro e ogni carrierismo.[26] Siano invece educati alla semplicità, alla sobrietà, al dialogo sereno, all'autenticità e, come discepoli alla scuola del Maestro, imparino a vivere e a operare in quella carità pastorale che corrisponde all'essere «*servi di Cristo e amministratori dei misteri di Dio*» (1 *Cor* 4, 1).

43. La formazione sacerdotale è un cammino di trasformazione, che rinnova il cuore e la mente della persona, affinché essa possa «*discernere la volontà di Dio, ciò che è buono, a lui gradito e perfetto*» (*Rm* 12, 2). La progressiva crescita interiore nel cammino formativo, infatti, deve ten-

[26] Cfr. *Evangelii gaudium*, nn. 93-97: *AAS* 105 (2013), 1059-1061.

dere principalmente a fare del futuro presbitero un "uomo del discernimento", capace di interpretare la realtà della vita umana alla luce dello Spirito, e così scegliere, decidere e agire secondo la volontà divina.

Il primo ambito del discernimento è la vita personale e consiste nell'integrare la propria storia e la propria realtà nella vita spirituale, in modo che la vocazione al sacerdozio non rimanga imprigionata nell'astrattezza ideale, né corra il rischio di ridursi a una semplice attività pratico-organizzativa, esterna alla coscienza della persona. Discernere evangelicamente la propria vita significa coltivare quotidianamente un profondo stile spirituale, così da accoglierla e interpretarla con piena responsabilità e crescente fiducia in Dio, orientando ogni giorno verso di Lui il cuore.[27]

Si tratta di un umile e costante lavoro su se stessi – che va oltre le indagini introspettive –, nel quale il sacerdote si apre con onestà alla verità della vita e alle esigenze reali del ministero, imparando ad ascoltare la coscienza che giudica i movimenti e le spinte interiori che motivano le azioni. Così, il presbitero impara a governare se stesso, nelle for-

[27] È questo «l'interrogativo fondamentale della nostra vita sacerdotale: dove è orientato il mio cuore? Domanda che noi sacerdoti dobbiamo farci tante volte, ogni giorno, ogni settimana: dove è orientato il mio cuore?», FRANCESCO, *Omelia per il Giubileo dei Sacerdoti e dei seminaristi* (3 giugno 2016): *L'Osservatore Romano* 126 (4 giugno 2016), 8.

ze spirituali e mentali, dell'anima e del corpo; apprende il senso di ciò che si può fare e di ciò che non conviene o non si dovrebbe fare; comincia ad amministrare le proprie energie, i programmi, gli impegni, con un'equilibrata disciplina di se stesso e una onesta conoscenza dei propri limiti e delle proprie possibilità. Questo lavoro non può essere condotto in modo soddisfacente facendo leva solo sulle proprie forze umane; al contrario, esso consiste primariamente nell'accogliere il dono della grazia divina, che rende capaci di superare se stessi, di andare oltre i propri bisogni e i condizionamenti esterni, per vivere nella libertà dei figli di Dio. È un "vedere dentro" e una visione spirituale d'insieme, che presiede il tutto della vita e del ministero, attraverso cui si impara ad agire con prudenza e a misurare le conseguenze delle proprie azioni, al di là di alcune circostanze, che rendono difficile un giudizio limpido sulle cose.

Questo cammino di autenticità verso se stessi richiede un'attenta cura della propria interiorità, attraverso la preghiera personale, la direzione spirituale, il contatto quotidiano con la Parola di Dio, la "lettura credente" della vita sacerdotale insieme agli altri presbiteri e al Vescovo, e tutti gli strumenti utili a coltivare le virtù della prudenza e del giudizio. In questo permanente cammino di discernimento, il sacerdote saprà decifrare e comprendere le proprie mozioni, i doni, i bisogni e le fragilità, così da « *liberarsi da tutte le affezioni disordinate e, dopo averle eliminate, a cercare e trovare la volontà di Dio nell'organizzazione della propria vita in ordine alla salvezza dell'anima*».[28]

e) *Mezzi di formazione*

e. 1. L'accompagnamento personale[29]

44. I seminaristi, nelle diverse tappe del loro cammino, hanno bisogno di essere accompagnati in modo personalizzato da coloro che sono preposti all'opera educativa, ciascuno secondo il ruolo e le competenze che gli sono proprie. Lo scopo dell'accompagnamento personale è quello di operare il discernimento vocazionale e di formare il discepolo missionario.

45. Nel processo formativo si richiede che il seminarista si conosca e si lasci conoscere, relazionandosi in modo sincero e trasparente con i formatori.[30] Avendo come fine la "*docibilitas*" allo Spirito Santo, l'accompagnamento personale rappresenta un indispensabile strumento della formazione.

46. È necessario che i colloqui con i formatori siano regolari e frequenti; in questo modo, nella docilità all'a-

[28] Ignazio di Loyola, *Esercizi Spirituali*, 1.

[29] Cfr. *Evangelii gaudium*, nn. 169-173: *AAS* 105 (2013), 1091-1092.

[30] Cfr. Francesco, *Discorso ai seminaristi, ai novizi e alle novizie provenienti da varie parti del mondo in occasione dell'Anno della Fede* (6 luglio 2013): *Insegnamenti* I/2 (2013), 9.

zione dello Spirito, il seminarista potrà progressivamente configurarsi a Cristo. Questo accompagnamento deve integrare tutti gli aspetti della persona umana, educando all'ascolto, al dialogo, al vero significato dell'obbedienza e alla libertà interiore. È compito di ogni formatore, ciascuno agendo al livello che gli compete, aiutare il seminarista a diventare consapevole della sua condizione, dei talenti ricevuti, e anche delle proprie fragilità, rendendosi sempre più disponibile all'azione della grazia.

47. Elemento necessario nel processo dell'accompagnamento è la fiducia reciproca.[31] Nel piano formativo si devono ricercare e delineare le modalità concrete con cui tale fiducia può essere promossa e salvaguardata. Occorre innanzitutto cercare e predisporre tutte quelle condizioni che possono in qualche modo creare un sereno clima di affidamento e di reciproca confidenza: vicinanza fraterna, empatia, comprensione, capacità di ascolto e di condivisione e, soprattutto, coerente testimonianza di vita.

48. L'accompagnamento deve esser presente fin dall'inizio del cammino formativo e per tutta la vita, anche se in modalità diverse dopo l'ordinazione. Un serio discernimento da subito della situazione vocazionale del candidato impedirà di procrastinare inutilmente il giudizio sull'idoneità al

[31] Cfr. *Orientamenti per l'utilizzo delle competenze psicologiche nell'ammissione e nella formazione dei candidati al sacerdozio*, n. 12: *Enchiridion Vaticanum* 25 (2011), 1273-1277.

ministero presbiterale, evitando di condurre un seminarista alle soglie dell'ordinazione, senza averne accertate le imprescindibili condizioni richieste.[32]

49. Il formatore è chiamato a custodire nella riservatezza la vita dei seminaristi. Un retto accompagnamento, equilibrato e rispettoso della libertà e della coscienza altrui, che li aiuti nella loro crescita umana e spirituale, richiede che ciascun formatore sia dotato di capacità e di risorse umane,[33] spirituali,[34] pastorali e professionali. Occorrono, inoltre, a coloro che sono preposti alla formazione, una preparazione specifica[35] e una generosa dedizione per questo importante compito. Sono necessari formatori che sappiano garantire una presenza a tempo pieno, e che siano anzitutto testimoni di come si ama e si serve il popolo di Dio, spendendosi senza riserve per la Chiesa.[36]

[32] Cfr. *ibid.*, nn. 8 e 11: *Enchiridion Vaticanum* 25 (2011), 1262-1267.

[33] Cfr. *Ibid.*, nn. 3-4.

[34] Cfr. Congregazione per l'Educazione Cattolica, Lettera circolare *Su alcuni aspetti più urgenti della formazione spirituale nei seminari* (6 gennaio 1980): *Enchiridion Vaticanum* 7 (2001), 45-90.

[35] Cfr. *Direttive sulla preparazione degli educatori nei Seminari* (4 novembre 1993): *Enchiridion Vaticanum* 13 (1996), 3151-3284; cfr. anche *Pastores dabo vobis*, n. 66: *AAS* 84 (1992), 772-774.

[36] Cfr. *Direttive sulla preparazione degli educatori nei Seminari*, nn. 4.19.29-32.66: *Enchiridion Vaticanum* 13 (1996), 3155; 3184; 3200-3207; 3260-3262; *Apostolorum successores*, n. 89: *Enchiridion Vaticanum* 22 (2006), 1777-1780.

e. 2. L'accompagnamento comunitario

50. Una sana pedagogia formativa non può trascurare di prestare attenzione all'esperienza e alle dinamiche del gruppo, nel quale il seminarista è inserito. La vita comunitaria durante gli anni della formazione iniziale deve incidere sui singoli individui, purificandone le intenzioni e trasformandone la condotta in vista della progressiva conformazione a Cristo. Quotidianamente la formazione si compie attraverso le relazioni interpersonali, i momenti di condivisione e di confronto, che concorrono alla crescita di "quell'*humus* umano", in cui concretamente matura una vocazione.

51. Tale ambito comunitario favorirà la relazione con il Vescovo, con i confratelli del presbiterio e con i fedeli. L'esperienza della vita comunitaria è un elemento prezioso e ineludibile nella formazione di coloro che saranno chiamati, in futuro, a esercitare una vera paternità spirituale[37] nelle comunità loro affidate. Ogni candidato che si prepara al ministero è tenuto a sentire sempre più profondamente l'anelito alla comunione.[38]

[37] Cfr. FRANCESCO, *Discorso ai seminaristi, ai novizi e alle novizie provenienti da varie parti del mondo in occasione dell'Anno della Fede* (6 luglio 2013): *Insegnamenti* I/2 (2013), 8.

[38] Cfr. *Pastores dabo vobis*, nn. 17; 22-23; 43.59: *AAS* 84 (1992), 682-684; 690-694; 731-733; 761-762.

Lo spirito di comunione si fonda sul fatto che la Chiesa, in quanto popolo convocato da Cristo, è chiamata a vivere, e ha vissuto fin dalle origini, una forte esperienza di vita comunitaria.[39] Occorre poi considerare che, ricevuto l'ordine del presbiterato, i sacerdoti «*sono uniti tra di loro da un'intima fraternità sacramentale*» e «*formano un unico presbiterio nella diocesi al cui servizio sono ascritti sotto il proprio vescovo*».[40] In virtù della propria ordinazione, il presbitero è parte di una famiglia, nella quale il Vescovo è il padre.[41]

52. Nella Chiesa, che è «*la casa e la scuola della comunione*»[42] e che «*trae la sua unità dall'unità del Padre, del Figlio e dello Spirito Santo*»,[43] il presbitero è chiamato a essere «*l'uomo della comunione*».[44] Per questo, in Seminario i legami che si stabiliscono tra formatori e seminaristi, e tra gli stessi seminaristi, devono essere improntati alla paternità e alla fraternità.[45] Di fatto, la fraternità si costruisce tramite una

[39] Cfr. *At* 2, 42.

[40] *Presbyterorum ordinis*, n. 8: *AAS* 58 (1966), 1003.

[41] Cfr. *Christus Dominus*, nn. 16 e 28: *AAS* 58 (1966), 680-681 e 687; *Apostolorum successores*, nn. 76 e 107: *Enchiridion Vaticanum* 22 (2006), 1740-1742 e 1827-1828.

[42] Giovanni Paolo II, Lettera apostolica *Novo millennio ineunte* (6 gennaio 2001), n. 43: *AAS* 93 (2001), 297.

[43] Cipriano, *De dominica Oratione* 23: Csel III A, p. 285.

[44] *Pastores dabo vobis*, n. 18: *AAS* 84 (1992), 684.

[45] Cfr. *ibid.*, n. 60: *AAS* 84 (1992), 764-772; Francesco, *Discorso ai seminaristi, ai novizi e alle novizie provenienti da varie parti del mondo in occasione dell'Anno della Fede* (6 luglio 2013): *Insegnamenti* I/2 (2013), 11.

crescita spirituale, che richiede impegno costante a superare le diverse forme di individualismo. Una relazione fraterna «*non può essere solo una cosa lasciata al caso, alle circostanze favorevoli*»,[46] ma, piuttosto, una scelta consapevole e una sfida permanente.

La comunità del Seminario è di fatto una famiglia, caratterizzata da un clima che favorisce l'amicizia e la fraternità. Tale esperienza aiuterà il seminarista a meglio comprendere, in futuro, le esigenze, le dinamiche e anche i problemi delle famiglie che saranno affidate alla sua cura pastorale.[47] In quest'ottica sarà di grande beneficio alla comunità del Seminario aprirsi all'accoglienza e alla condivisione con diverse realtà, quali, ad esempio, le famiglie, le persone consacrate, i giovani, gli studenti, i poveri.

f) *Unità della formazione*

53. In virtù di una costante esperienza discepolare, la formazione è un percorso unitario e integrale, che inizia in Seminario e continua nella vita sacerdotale, come formazione permanente, ed esige attenzione e cura a ogni passo.

[46] FRANCESCO, *Incontro con i sacerdoti diocesani nella Cattedrale*, Cassano all'Jonio (21 giugno 2014): *L'Osservatore Romano* 140 (22 giugno 2014), 7.

[47] Cfr. CONGREGAZIONE PER L'EDUCAZIONE CATTOLICA, *Direttive sulla formazione dei seminaristi circa i problemi relativi al matrimonio ed alla famiglia* (19 marzo 1995), n. 33.

Anche se una «*gran parte dell'efficacia formativa dipende dalla personalità matura e forte dei formatori*»,[48] si tenga presente che il seminarista prima – e il sacerdote dopo – è il «*protagonista necessario e insostituibile della sua formazione*».[49]

[48] *Pastores dabo vobis*, n. 66: *AAS* 84 (1992), 772-774.
[49] *Ibid.*, n. 69: *AAS* 84 (1992), 778.

IV
FORMAZIONE INIZIALE E PERMANENTE

54. Dopo il primo necessario discernimento vocazionale, la formazione, intesa come un unico e ininterrotto cammino discepolare e missionario,[1] può essere suddivisa in due grandi momenti: la formazione iniziale nel Seminario e la formazione permanente nella vita sacerdotale.

55. La formazione *iniziale* riguarda il tempo precedente all'ordinazione sacerdotale, dall'inizio del periodo propedeutico, che è parte integrante di essa. Pertanto, deve essere caratterizzata da contenuti formativi che preparano

[1] FRANCESCO, *Lettera ai partecipanti all'Assemblea Generale Straordinaria della Conferenza Episcopale Italiana* (8 novembre 2014): *L'Osservatore Romano* 258 (12 novembre 2014), 7: «La formazione di cui parliamo è un'esperienza di discepolato permanente, che avvicina a Cristo e permette di conformarsi sempre più a Lui. Perciò essa non ha un termine, perché i sacerdoti non smettono mai di essere discepoli di Gesù, di seguirlo. Quindi, la formazione in quanto discepolato accompagna tutta la vita del ministro ordinato e riguarda integralmente la sua persona e il suo ministero. La formazione iniziale e quella permanente sono due momenti di una sola realtà: il cammino del discepolo presbitero, innamorato del suo Signore e costantemente alla sua sequela».

il seminarista alla vita presbiterale. Ciò richiede un paziente e rigoroso lavoro sulla persona, aperta all'azione dello Spirito Santo; la sua finalità è la formazione di un cuore sacerdotale.

56. La formazione *permanente* rappresenta una necessità imprescindibile nella vita e nell'esercizio del ministero di ogni presbitero; infatti, l'atteggiamento interiore del sacerdote deve essere caratterizzato da una disponibilità permanente alla volontà di Dio, seguendo l'esempio di Cristo. Essa implica una continua conversione del cuore, la capacità di leggere la vita e gli eventi alla luce della fede e, soprattutto, della carità pastorale, per un dono totale di sé alla Chiesa secondo il disegno di Dio.

In tal senso, sarebbe riduttivo ed erroneo considerare la formazione permanente come un semplice «aggiornamento», di carattere culturale o pastorale, rispetto alla formazione iniziale in Seminario; pertanto, «*fin dal Seminario Maggiore occorre preparare la futura formazione permanente, e aprire ad essa l'animo e il desiderio dei futuri presbiteri, dimostrandone la necessità, i vantaggi e lo spirito, e assicurando le condizioni del suo realizzarsi*».[2]

a) *La formazione iniziale e le sue tappe*

57. La formazione iniziale può essere suddivisa ulteriormente in quattro grandi tappe: "tappa propedeutica",

[2] *Pastores dabo vobis*, n. 71: *AAS* 84 (1992), 783.

"tappa degli studi filosofici" o "discepolare", "tappa degli studi teologici" o "configuratrice", e "tappa pastorale" o "di sintesi vocazionale", le cui caratteristiche saranno esposte in dettaglio in seguito. Lungo tutta la vita si è sempre "discepoli", con l'anelito costante a "configurarsi" a Cristo, per esercitare il ministero pastorale. Si tratta, infatti, di dimensioni costantemente presenti nel cammino di ogni seminarista, su ciascuna delle quali viene posta, di volta in volta, una maggiore attenzione nel corso del cammino formativo, senza mai trascurare le altre.

58. Al termine di ogni tappa è importante verificare che le finalità proprie di quel particolare periodo educativo siano state conseguite, tenendo conto delle periodiche valutazioni, preferibilmente semestrali o almeno annuali, che i formatori redigeranno per iscritto. Il raggiungimento dei traguardi formativi non deve essere necessariamente legato al tempo trascorso in Seminario e soprattutto agli studi compiuti. Non si deve, cioè, arrivare al sacerdozio solo in ragione del susseguirsi di tappe poste in successione cronologica e stabilite in precedenza, quasi "automaticamente", indipendentemente dai progressi effettivamente compiuti in una complessiva maturazione integrale; l'ordinazione, infatti, rappresenta la meta di un cammino spirituale realmente compiuto, che, gradualmente, abbia aiutato il seminarista a prendere coscienza della chiamata ricevuta e delle caratteristiche proprie dell'identità presbiterale, consentendogli di raggiungere la necessaria maturità umana, cristiana e sacerdotale.

Alla comunità dei formatori è richiesta coerenza e oggettività nella periodica valutazione integrale dei seminaristi, tenendo conto delle quattro dimensioni della formazione, di cui si tratterà nel Capitolo V; al seminarista è richiesta docilità, revisione costante della propria vita e disponibilità alla correzione fraterna, per corrispondere sempre meglio agli impulsi della grazia.

a. 1. Tappa propedeutica

59. Alla luce dell'esperienza accumulata negli ultimi decenni,[3] è acquisito il riconoscimento della necessità di dedicare interamente un periodo di tempo – ordinaria-

[3] La tappa propedeutica è successiva all'intuizione sulla vocazione e al primo accompagnamento vocazionale fuori del Seminario, cfr. *Pastores dabo vobis*, n. 62: *AAS* 84 (1992), 767-768. È stata la Congregazione per l'Educazione Cattolica ad auspicare sin dal 1980 la proposta di questa tappa di iniziazione: «Si è acuita la necessità di intensificare la preparazione degli aspiranti al Seminario Maggiore non solo da un punto di vista intellettuale, ma anche e soprattutto umano e spirituale», CONGREGAZIONE PER L'EDUCAZIONE CATTOLICA, Documento informativo *Il periodo propedeutico* (10 maggio 1998), III, n. 1. Anche la Congregazione per l'Evangelizzazione dei Popoli in precedenza auspicò in una Circolare del 25 aprile 1987 la propedeutica come «un periodo prolungato di discernimento vocazionale, di maturazione nella vita spirituale e comunitaria e anche di eventuale recupero della preparazione culturale in vista della filosofia e della teologia»: *Enchiridion Vaticanum* 10 (1989), 1214.

mente non inferiore a un anno e non superiore a due – a una preparazione di carattere introduttorio, in vista della successiva formazione sacerdotale o, invece, della decisione di intraprendere un diverso cammino di vita.

La propedeutica è una tappa formativa indispensabile, con una sua specificità. L'obiettivo principale consiste nel porre solide basi alla vita spirituale e nel favorire una maggiore conoscenza di sé per la crescita personale. Per l'iniziazione e la maturazione della vita spirituale sarà necessario soprattutto avviare i seminaristi alla preghiera attraverso la vita sacramentale, la Liturgia delle Ore, la famigliarità con la Parola di Dio, la quale va considerata anima e guida del cammino, il silenzio, l'orazione mentale, la lettura spirituale. Inoltre, questo tempo è propizio per una prima e sintetica conoscenza della dottrina cristiana attraverso lo studio del *Catechismo della Chiesa Cattolica* e per sviluppare la dinamica del dono di sé nell'esperienza parrocchiale e caritativa. Infine, la fase propedeutica potrà essere utile per un eventuale completamento della formazione culturale.

Gli studi della tappa propedeutica rimangano nettamente distinti da quelli filosofici.

60. La fase propedeutica può essere diversificata, a seconda delle culture e delle esperienze delle Chiese locali, ma in ogni caso dovrà trattarsi di un vero e proprio tempo di discernimento vocazionale, compiuto all'interno di una vita comunitaria, e di un "avviamento" alle tappe successive della *formazione iniziale*.

È importante che si accentui nella proposta formativa l'aspetto di comunione con il proprio Vescovo, con il presbiterio e con l'intera Chiesa particolare, anche in considerazione del fatto che non poche vocazioni, soprattutto oggi, provengono da vari gruppi e movimenti, e necessitano di sviluppare legami più profondi con la realtà diocesana.[4]

È conveniente che la fase propedeutica sia vissuta in una comunità distinta da quella del Seminario Maggiore e, laddove possibile, abbia anche una sede specifica. Si stabilisca, dunque, una propedeutica, dotata di formatori propri, che miri a una buona formazione umana e cristiana, e a una seria selezione dei candidati al Seminario Maggiore.[5]

a. 2. La tappa degli studi filosofici (o discepolare)

61. *Il concetto di discepolato.* Il discepolo è colui che è chiamato dal Signore a stare con Lui (cfr. *Mc* 3, 14), a seguirlo e a diventare missionario del Vangelo. Egli impara quotidianamente a entrare nei segreti del Regno di Dio,

[4] Cfr. *Il periodo propedeutico*, III, n. 5.

[5] Francesco, *Discorso alla Plenaria della Congregazione per il Clero* (3 ottobre 2014): *L'Osservatore Romano* 226 (4 ottobre 2014), 8: «Occorre studiare bene il percorso di una vocazione! Esaminare bene se quello è dal Signore, se quell'uomo è sano, se quell'uomo è equilibrato, se quell'uomo è capace di dare vita, di evangelizzare, se quell'uomo è capace di formare una famiglia e rinunciare a questo per seguire Gesù».

vivendo una relazione profonda con Gesù. Lo stare con Cristo diviene un cammino pedagogico-spirituale, che trasforma l'esistenza e rende testimone del Suo amore nel mondo.

62. L'esperienza e la dinamica del discepolato che, come già osservato, dura per tutta la vita e comprende tutta la formazione presbiterale, pedagogicamente richiede una tappa specifica, nella quale vanno impiegate tutte le energie possibili per radicare il seminarista nella *sequela Christi*, ascoltando la Sua Parola, custodendola nel cuore e mettendola in pratica. Questo tempo specifico è caratterizzato dalla formazione del discepolo di Gesù destinato a essere pastore, con una speciale attenzione verso la dimensione umana, in armonia con la crescita spirituale, aiutando il seminarista a maturare la decisione definitiva di seguire il Signore nel sacerdozio ministeriale, nell'accoglienza dei consigli evangelici, secondo le modalità proprie di questa tappa.

63. Mentre prepara alla tappa degli studi teologici, o tappa configuratrice, e orienta alla definitiva scelta presbiterale, questa fase permette, nell'apertura allo Spirito Santo, un lavoro sistematico sulla personalità dei seminaristi. Nel cammino della formazione sacerdotale non si insisterà mai a sufficienza sull'importanza della formazione umana. La santità di un presbitero, infatti, s'innesta su di essa e dipende, in gran parte, dalla genuinità e dalla maturità della sua umanità. La mancanza di una personalità ben strutturata ed equilibrata rappresenta un serio e oggettivo

impedimento per il prosieguo della formazione al sacerdozio.

Per questo, i seminaristi si abitueranno a disciplinare il loro carattere, cresceranno nella fortezza d'animo e, in generale, impareranno le virtù umane, come «*la lealtà, il rispetto della giustizia, la fedeltà alla parola data, la gentilezza del tratto, la discrezione e la carità nel conversare*»,[6] che li renderanno un riflesso vivo dell'umanità di Gesù e un ponte, che unisce gli uomini e Dio. Ai fini del raggiungimento di una solida maturità fisica, psicoaffettiva e sociale, richiesta al pastore, sarà di utile supporto l'esercizio fisico e sportivo, nonché l'educazione a uno stile di vita equilibrato. Oltre all'essenziale accompagnamento dei formatori e del Direttore spirituale, per integrare gli aspetti fondamentali della personalità, in qualche caso potrebbe essere di aiuto uno specifico accompagnamento psicologico.

Questo processo formativo mira a educare la persona alla verità del proprio essere, alla libertà e al dominio di sé, volti al superamento delle diverse forme di individualismo, nonché al dono sincero di sé che apre alla generosa dedizione verso gli altri.

64. La maturazione umana è suscitata e favorita dall'azione della grazia, che orienta la crescita della vita spirituale. Quest'ultima abilita il seminarista a vivere alla presenza di Dio, in un atteggiamento orante, e si basa sulla

[6] *Optatam totius*, n. 11: *AAS* 58 (1966), 720.

sua relazione personale con Cristo, che consolida l'identità discepolare.

65. Si tratta di un cammino di trasformazione che coinvolge tutta la comunità. In essa, attraverso l'apporto specifico dei formatori e in special modo del Direttore spirituale, viene proposto un itinerario pedagogico, che sostiene il candidato nel suo dinamismo di crescita, aiutandolo a prendere coscienza della propria povertà e, simultaneamente, del bisogno della grazia di Dio e della correzione fraterna.

66. La durata di questa tappa, che non deve essere inferiore a due anni, abbraccerà un tempo sufficiente per conseguire gli obiettivi che le sono propri e, nel contempo, per acquisire la necessaria conoscenza della filosofia e delle scienze umane. È necessario che essa sia giustamente valorizzata e compresa nelle sue specifiche finalità e non sia considerata semplicemente come il "passaggio obbligato" per accedere agli studi teologici.

67. Al termine della tappa degli studi filosofici, o discepolare, il seminarista, raggiunte una libertà e una maturità interiori adeguate, dovrebbe disporre degli strumenti necessari per iniziare, con serenità e gioia, quel cammino che lo conduce verso una maggiore configurazione a Cristo nella vocazione al ministero ordinato. Infatti, dopo tale tappa sarà possibile l'ammissione del seminarista tra i candidati agli Ordini (*petitio*, o candidatura, etc.), quando risulta che il suo proposito, sostenuto dalle doti richieste, abbia

raggiunto una sufficiente maturazione.[7] La Chiesa accogliendo l'offerta di sé da parte del seminarista, lo sceglie e lo chiama, perché si prepari a ricevere in futuro l'Ordine Sacro. Presupponendo una decisione responsabile da parte del seminarista, l'ammissione tra i candidati agli Ordini rappresenta per lui l'invito a proseguire la propria formazione, nella configurazione a Cristo Pastore, mediante un riconoscimento formale della Chiesa.

a. 3. La tappa degli studi teologici (o configuratrice)

68. *Il concetto di configurazione.* Dal momento della sua chiamata, come già detto, l'intera vita di un presbitero è una formazione continua: quella del discepolo di Gesù, docile all'azione dello Spirito Santo per il servizio alla Chiesa. La pedagogia della formazione iniziale, nei primi anni di Seminario, mirava prima di tutto a fare entrare il candidato nella *sequela Christi*; al termine di questa tappa, cosiddetta discepolare, la formazione si concentra sul configurare il seminarista a Cristo, Pastore e Servo, perché, unito a Lui, possa fare della propria vita un dono di sé agli altri.

Questa configurazione esige un ingresso profondo nella contemplazione della Persona di Gesù Cristo, Figlio prediletto del Padre, inviato come Pastore del Popolo di Dio. Essa rende la relazione con Cristo più intima e perso-

[7] Cfr. Paolo VI, Lettera apostolica *Ad pascendum* (15 agosto 1972), I, a) e c): *AAS* 64 (1972), 538-539.

nale e, al contempo, favorisce la conoscenza e l'assunzione dell'identità presbiterale.

69. La tappa degli studi teologici, o configuratrice, è finalizzata in modo particolare alla formazione spirituale propria del presbitero, dove la conformazione progressiva a Cristo diviene una esperienza che suscita nella vita del discepolo i sentimenti e i comportamenti propri del Figlio di Dio; al contempo, essa introduce all'apprendimento di una vita presbiterale, animata dal desiderio e sostenuta dalla capacità di offrire se stessi nella cura pastorale del Popolo di Dio. Questa tappa permette il graduale radicamento nella fisionomia del Buon Pastore, che conosce le sue pecore, dona per esse la vita[8] e va alla ricerca delle pecore che sono al di fuori dell'ovile (cfr. *Gv* 10, 14-17).

Il contenuto di questa tappa è esigente e fortemente impegnativo. Si richiede, infatti, una responsabilità costante nel vivere le virtù cardinali, quelle teologali e i consigli evangelici,[9] e nell'essere docili all'azione di Dio tramite i

[8] *Direttorio per il ministero e la vita dei presbiteri*, n. 8: «Si può quindi dire che la configurazione a Cristo, tramite la consacrazione sacramentale, definisce il sacerdote in seno al Popolo di Dio, facendolo partecipare in modo suo proprio alla potestà santificatrice, magisteriale e pastorale dello stesso Gesù Cristo, Capo e Pastore della Chiesa. Il sacerdote diventando più simile a Cristo è – grazie a Lui, e non da sé – collaboratore della salvezza dei fratelli: non è più lui che vive ed esiste, ma Cristo in lui (cfr. *Gal* 2, 20)»

[9] Cfr. *Pastores dabo vobis*, n. 27: *AAS* 84 (1992), 710.

doni dello Spirito Santo, secondo una prospettiva prettamente presbiterale e missionaria; nonché una graduale rilettura della propria storia personale, secondo un coerente profilo di carità pastorale, che anima, forma e motiva la vita del presbitero.[10]

70. Lo speciale impegno che caratterizza la configurazione a Cristo Servo e Pastore può corrispondere alla tappa della teologia, senza che quest'ultima ne esaurisca l'intera dinamica e il contenuto. Concretamente, dovrebbe essere assicurata una feconda e armonica interazione tra maturità umana e spirituale, e tra vita di preghiera e apprendimento teologico.

71. Nell'ottica e in vista del servizio a una Chiesa particolare, i seminaristi sono chiamati ad acquisire la spiritualità del prete diocesano, caratterizzata dalla dedizione disinteressata alla circoscrizione ecclesiastica di appartenenza o a quella nella quale di fatto si eserciterà il ministero, essendo egli pastore e servo per tutti in un contesto specifico (cfr. *1 Cor* 9, 19). In quanto legame con la Chiesa locale, questa appartenenza diocesana concerne specificamente il clero secolare, ma riguarda indistintamente tutti i presbiteri che esercitano in essa il ministero, pur nella valorizzazione del carisma proprio di ciascuno. Ciò significa anche configurare il proprio modo di sentire e di operare, in comunione con il Vesco-

[10] Cfr. *ibid*, n. 23: *AAS* 84 (1992), 691-694.

vo e i confratelli sacerdoti, per il bene di una porzione del Popolo di Dio.[11]

Tale imprescindibile amore per la diocesi può essere utilmente arricchito da altri carismi, suscitati dall'azione dello Spirito Santo. Allo stesso modo, il dono sacerdotale ricevuto con l'Ordine Sacro include la dedizione alla Chiesa universale e, pertanto, apre alla missione di salvezza rivolta a tutti gli uomini, fino agli ultimi confini della terra (cfr. *At* 1, 8).[12]

72. Nel corso di questa tappa, secondo la maturazione di ogni singolo candidato e in base all'opportunità formativa, saranno conferiti ai seminaristi i ministeri del lettorato e dell'accolitato, affinché possano esercitarli per un conveniente periodo di tempo e disporsi meglio ai futuri servizi della Parola e dell'Altare.[13] Il lettorato propone al seminarista la "sfida" di lasciarsi trasformare dalla Pa-

[11] FRANCESCO, *Discorso ai sacerdoti della Diocesi di Caserta* (26 luglio 2014): *L'Osservatore Romano* 171 (28-29 luglio 2014), 5: «Ma dove è il centro della spiritualità del prete diocesano? [...] È avere la capacità di aprirsi alla diocesanità [...] significa un rapporto con il Vescovo che si deve attuare e far crescere continuamente [...]. In secondo luogo la diocesanità comporta un rapporto con gli altri sacerdoti, con tutto il presbiterio. Non c'è spiritualità del prete diocesano senza questi due rapporti: con il Vescovo e con il presbiterio. E sono necessari».

[12] Cfr. *Presbyterorum ordinis*, n. 10: *AAS* 58 (1966), 1007-1008; *Pastores dabo vobis*, n. 17: *AAS* 84 (1992), 682-684.

[13] Cfr. PAOLO VI, Lettera apostolica *Ministeria quaedam* (15 agosto 1972), V-VI: *AAS* 64 (1972), 532-533.

rola di Dio, oggetto della sua preghiera e del suo studio. Il conferimento dell'accolitato implica una partecipazione più profonda al mistero di Cristo che si dona ed è presente nell'Eucaristia, nell'assemblea e nel fratello.

Pertanto, uniti a una conveniente preparazione spirituale, i due ministeri permettono di vivere più intensamente quanto richiesto nella *tappa configuratrice*, all'interno della quale, perciò, è opportuno offrire ai lettori e agli accoliti modalità concrete per esercitare i ministeri ricevuti non solo nell'ambito liturgico, ma anche nella catechesi, nell'evangelizzazione e nel servizio al prossimo.

In ogni caso, un accompagnamento adeguato potrebbe rivelare come la chiamata che un giovane pensava d'aver ricevuto, seppur eventualmente riconosciuta nel corso della prima tappa, non sia in realtà una vocazione al sacerdozio ministeriale, oppure non sia stata adeguatamente coltivata. In tal caso, di propria iniziativa o in seguito a un intervento autorevole da parte dei formatori, il seminarista dovrà interrompere il cammino formativo verso l'ordinazione presbiterale.

73. La tappa degli studi teologici, o configuratrice, è comunque orientata verso il conferimento dell'Ordine Sacro. Al termine di essa, o durante quella successiva, se riconosciuto idoneo a giudizio del Vescovo, dopo aver ascoltato i formatori, il seminarista chiederà e riceverà l'ordinazione diaconale, con la quale acquisirà la condizione di chierico, con i connessi doveri e diritti, e sarà incardinato «*o in una Chiesa particolare, o in una prelatura personale*

oppure in un istituto di vita consacrata o in una società»,[14] oppure in una Associazione o in un Ordinariato che ne abbiano la facoltà.

a. 4. La tappa pastorale (o di sintesi vocazionale)

74. La tappa pastorale (o di sintesi vocazionale) è compresa nel periodo tra il soggiorno in Seminario e la successiva ordinazione presbiterale, passando ovviamente attraverso il conferimento del diaconato. La finalità di questa tappa è duplice: da una parte, si tratta di essere inseriti nella vita pastorale, con una graduale assunzione di responsabilità, in spirito di servizio; dall'altra di adoperarsi per una adeguata preparazione, ricevendo uno specifico accompagnamento in vista del presbiterato. In questa tappa il candidato è invitato a dichiarare in modo libero, cosciente e definitivo la propria volontà di essere presbitero, dopo aver ricevuto l'ordinazione diaconale.[15]

75. Nelle Chiese particolari, al riguardo, esiste una grande varietà di esperienze, e spetta alle Conferenze Episcopali determinare i percorsi formativi finalizzati all'ordinazione diaconale e presbiterale. Solitamente, questa tappa si realizza al di fuori dell'edificio del Seminario, almeno per una parte consistente di tempo. Questo periodo, che di norma si vive nel servizio a una comunità, può inci-

[14] C.I.C., can. 265.

[15] Cfr. *Optatam totius*, n. 12: *AAS* 58 (1966), 721.

dere significativamente sulla personalità del candidato. Si raccomanda, pertanto, che il parroco, o altro responsabile della realtà pastorale che accoglie il seminarista, siano coscienti del compito formativo di cui sono investiti e lo accompagnino nel suo graduale inserimento.

76. L'Ordinario, di comune intesa col Rettore del Seminario dove il seminarista si è formato, tenendo conto delle esigenze del presbiterio e delle opportunità formative offerte, assegna a ogni seminarista una comunità, ove prestare il proprio servizio pastorale.[16] La durata di questa tappa formativa è variabile e dipende dall'effettiva maturità e dall'idoneità del candidato. Tuttavia, è necessario rispettare almeno i tempi canonici stabiliti tra la ricezione del diaconato e quella del presbiterato.[17]

77. *L'ordinazione diaconale e presbiterale.* A conclusione del ciclo formativo del Seminario, i formatori devono aiutare il candidato ad accettare con docilità la decisione che il Vescovo pronuncia a suo riguardo.[18]

Coloro che ricevono l'Ordine Sacro hanno bisogno di una conveniente preparazione, specialmente di carattere spirituale.[19] Lo spirito orante, fondato sulla relazione

[16] Cfr. *ibid.*, n. 21: *AAS* 58 (1966), 726.

[17] Cfr. C.I.C ., cann. 1031, § 1 e 1032, § 2.

[18] Cfr. Benedetto XVI, Esortazione apostolica post-sinodale *Sacramentum caritatis* (22 febbraio 2007), n. 25: *AAS* 99 (2007), 125-126.

[19] Cfr. C.I.C., can. 1039.

con la persona di Gesù, e l'incontro con figure sacerdotali esemplari accompagnino la meditazione assidua dei riti dell'ordinazione, che, nelle orazioni e nei gesti liturgici, sintetizzano ed esprimono il profondo significato del sacramento dell'Ordine nella Chiesa.

78. Un intenso periodo di preparazione dovrebbe essere vissuto anche dalla famiglia dell'ordinando e dall'intera comunità parrocchiale. Conviene, però, che si distingua chiaramente il percorso specifico in preparazione al diaconato da quello in vista del presbiterato, trattandosi di due momenti ben diversi. Pertanto, qualora gravi ragioni non inducano a provvedere diversamente, sarà opportuno non unire nella medesima celebrazione ordinazioni diaconali (transeunti o permanenti) e presbiterali, al fine di poter assegnare a ogni momento la debita e peculiare attenzione e di facilitarne la comprensione da parte dei fedeli.

79. *Collegamento alla formazione permanente*. Dall'ordinazione presbiterale il processo formativo prosegue all'interno della famiglia del presbiterio. È competenza propria del Vescovo, coadiuvato dai collaboratori, introdurre i presbiteri nelle dinamiche proprie della formazione permanente.[20]

[20] Cfr. *Apostolorum successores*, n. 83: *Enchiridion Vaticanum* 22 (2006), 1764-1766.

b) *La formazione permanente*

80. L'espressione "formazione permanente"[21] richiama l'idea che l'unica esperienza discepolare di coloro che sono chiamati al sacerdozio non si interrompe mai. Il sacerdote, non solo "impara a conoscere Cristo", ma, sotto l'azione dello Spirito Santo, è all'interno di un processo di graduale e continua configurazione a Lui, nell'essere e nell'agire, che costituisce una permanente sfida alla crescita interiore della persona.[22]

Occorre alimentare in maniera costante la "fiamma" che dà luce e calore all'esercizio del ministero, ricordando

[21] Il concetto di formazione permanente, nel corso del tempo, è stato approfondito sia nell'ambito della società, che della Chiesa; un momento importante di tale approfondimento è costituito della «Lettera ai Sacerdoti» (specialmente il n. 10), inviata da Giovanni Paolo II, l'8 aprile 1979: *Insegnamenti* II (1979), 857-859: «tutti dobbiamo ogni giorno convertirci. Sappiamo che questa è un'esigenza fondamentale del Vangelo, rivolta a tutti gli uomini (cfr. *Mt* 4, 17; *Mc* 1, 15), e tanto più dobbiamo considerarla come rivolta a noi [...] La preghiera dobbiamo unirla ad un continuo lavoro su noi stessi: è la "formatio permanens" [...] una tale formazione deve essere sia interiore, tendente cioè all'approfondimento della vita spirituale del sacerdote, sia pastorale e intellettuale (filosofica e teologica)». Per una visione d'insieme e una sintesi sul punto, cfr. *Direttorio per il ministero e la vita dei presbiteri*, nn. 87-115.

[22] Cfr. Francesco, *Discorso alla Plenaria della Congregazione per il Clero* (3 ottobre 2014): *L'Osservatore Romano* 226 (4 ottobre 2014), 8.

che «*anima e forma della formazione permanente del sacerdote è la carità pastorale*».[23]

81. La formazione permanente è intesa ad assicurare la fedeltà al ministero sacerdotale, in un cammino di continua conversione, per ravvivare il dono ricevuto con l'ordinazione.[24] Tale percorso è la prosecuzione naturale di quel processo di costruzione dell'identità presbiterale, iniziato in Seminario e sacramentalmente compiuto nell'ordinazione sacerdotale, in vista di un servizio pastorale che la fa maturare nel tempo.[25]

82. È importante che i fedeli possano incontrare sacerdoti adeguatamente maturi e formati: infatti, a questo dovere «*corrisponde un preciso diritto da parte dei fedeli sui quali ricadono positivamente gli effetti della buona formazione e della santità dei sacerdoti*».[26] La formazione permanente deve essere concreta, incarnata cioè nella realtà presbiterale, in modo che tutti i sacerdoti possano effettivamente assumerla, in considerazione del fatto che il primo e principale responsabile della propria formazione permanente è il presbitero stesso.[27]

Il primo ambito in cui si sviluppa la formazione permanente è la fraternità presbiterale. È auspicabile che que-

[23] *Pastores dabo vobis*, n. 70: *AAS* 84 (1992), 781.

[24] Cfr. *ibid.*: *AAS* 84 (1992), 778-782.

[25] Cfr. *ibid.*, n. 71: *AAS* 84 (1992), 782-783.

[26] *Direttorio per il ministero e la vita dei presbiteri*, n. 87.

[27] Cfr. *Pastores dabo vobis*, n. 79: *AAS* 84 (1992), 796.

sta formazione sia promossa in ogni diocesi, da un presbitero o da un gruppo di presbiteri, formati in maniera specifica e ufficialmente incaricati di favorire un servizio di formazione permanente, tenendo conto delle fasce di età e delle circostanze particolari di ogni confratello.[28]

83. La prima fase di tale cammino è quella degli anni immediatamente successivi all'ordinazione presbiterale. Il sacerdote in questo periodo acquisisce nell'esercizio del ministero la fedeltà all'incontro personale con il Signore e al proprio accompagnamento spirituale e la disponibilità a consultare sacerdoti con maggiore esperienza. Sono particolarmente significative la capacità di stabilire relazioni di collaborazione e la condivisione con altri presbiteri della stessa generazione. È desiderabile che venga promosso l'accompagnamento da parte di confratelli di vita esemplare e zelo pastorale, che aiutino i giovani sacerdoti a vivere un'appartenenza cordiale e attiva alla vita dell'intero presbiterio diocesano.

È responsabilità del Vescovo «*evitare che i neo ordinati siano immessi in situazioni eccessivamente gravose o delicate, così come si dovranno evitare destinazioni nelle quali essi si trovino ad agire lontani dai confratelli. Sarà bene, anzi, nei modi possibili, favorire qualche opportuna forma di vita comune*».[29] Si abbia cura di avviare un accompagnamento personale dei preti

[28] Cfr. *Direttorio per il ministero e la vita dei presbiteri*, n. 108.

[29] *Ibid.*, n. 100.

giovani, di promuovere e sostenere le loro qualità, cosicché possano abbracciare con entusiasmo le prime sfide pastorali. Di questo dovrà innanzitutto sentirsi responsabile il parroco, o altro sacerdote, presso il quale il giovane presbitero è inizialmente inviato.

84. Dopo alcuni anni di esperienza pastorale, in modo particolare, potrebbero facilmente emergere nuove sfide che interessano il ministero e la vita del presbitero:

a. *L'esperienza della propria debolezza*: l'insorgere di contraddizioni che ancora potrebbero permanere nella sua personalità e che deve necessariamente affrontare. L'esperienza della propria debolezza potrà indurre il sacerdote a maggiore umiltà e fiducia verso l'azione misericordiosa del Signore – la cui «*forza infatti si mostra pienamente nella debolezza*» (*2 Cor* 12, 9) –, nonché alla comprensione benevola nei confronti degli altri. Il presbitero non dovrà isolarsi; necessiterà invece di sostegno e di accompagnamento in ambito spirituale e/o psicologico. In ogni caso, sarà utile intensificare il rapporto con il Direttore spirituale al fine di trarre positivi insegnamenti dalle difficoltà, imparando a fare verità sulla propria vita e a comprenderla meglio alla luce del Vangelo.

b. *Il rischio di sentirsi funzionari del sacro*: lo scorrere del tempo, che genera nel sacerdote la sensazione di sentirsi quasi un impiegato della comunità o un funzionario del sacro,[30] senza cuore di pastore. Nei primi momenti in cui si osserverà questa situazione, sarà importante che il presbitero avverta una prossimità particolare dei confratelli e si renda a essi avvicinabile. Come ha ricordato Papa Francesco, infatti, «*non servono [...] preti funzionari che, mentre svolgono un ruolo, cercano lontano da Lui la propria consolazione. Solo chi tiene fisso lo sguardo su ciò che è davvero essenziale può rinnovare il proprio sì al dono ricevuto e, nelle diverse stagioni della vita, non smettere di fare dono di sé; solo chi si lascia conformare al Buon Pastore trova unità, pace e forza nell'obbedienza del servizio*».[31]

c. *La sfida della cultura contemporanea*: l'inserimento adeguato del ministero presbiterale nella cultura odierna, con tutte le diversificate problematiche che essa comporta e che richiedono apertura e aggiornamento da parte dei sacerdoti,[32] e soprattutto un solido ancoraggio alle quattro dimensioni della formazione: umana, spirituale, intellettuale e pastorale.

d. *L'attrattiva del potere e della ricchezza*: l'attaccamento a una posizione, l'ossessività di crearsi spazi esclusivi per se stesso, l'aspirazione a una carriera, l'emergere di una brama di potere o di un desiderio di ricchezze, con la con-

[30] Cfr. *Pastores dabo vobis*, n. 72: *AAS* 84 (1992), 783-787.

[31] FRANCESCO, *Lettera ai partecipanti dell'Assemblea Generale Straordinaria della Conferenza Episcopale Italiana* (8 novembre 2014): *L'Osservatore Romano* 258 (12 novembre 2014), 7; cfr. *Presbyterorum ordinis*, n. 14: *AAS* 58 (1966), 1013-1014.

[32] Cfr. *Pastores dabo vobis*, n. 78: *AAS* 84 (1992), 795-796.

seguente mancanza di disponibilità alla volontà di Dio, alle necessità del popolo affidato e al mandato del Vescovo. In tali situazioni sarà opportuna l'ammonizione fraterna, o la riprensione, o altra via dettata dalla sollecitudine pastorale, a meno che tali comportamenti non configurino un delitto che comporta l'applicazione di pene.

e. *La sfida del celibato*: vivere il celibato per il Regno, quando i nuovi stimoli e le tensioni della vita pastorale, invece di favorire la crescita e la maturazione della persona, provocano una regressione affettiva, che induce, sotto l'influsso della tendenza socialmente diffusa, a dare spazio indebito ai propri bisogni e a cercare compensazioni, impedendo l'esercizio della paternità sacerdotale e della carità pastorale.

f. *La dedizione totale al proprio ministero*: con lo scorrere del tempo, la stanchezza, il naturale indebolimento fisico e l'affacciarsi delle prime fragilità di salute, i conflitti, le delusioni rispetto alle aspettative pastorali, il peso della *routine*, la fatica del cambiamento e altri condizionamenti socio-culturali potrebbero affievolire lo zelo apostolico e la generosità nel dedicarsi al ministero pastorale.

85. Ad ogni età può capitare che un sacerdote necessiti di assistenza a causa di una qualche infermità. I sacerdoti anziani e malati offrono alla comunità cristiana e al presbiterio la propria testimonianza e sono un segno efficace ed eloquente di una vita donata al Signore. È importante che essi continuino a sentirsi parte attiva nel presbiterio e

nella vita diocesana, anche attraverso le frequenti visite dei confratelli e la loro premurosa vicinanza.

86. Sono opportunità valide pure quelle iniziative di sostegno presbiterale, nate per la cura dei sacerdoti che esercitano il ministero in una stessa area geografica, in uno stesso ambito pastorale, o intorno a uno stesso progetto.

87. La fraternità sacramentale costituisce un prezioso aiuto per la formazione permanente dei sacerdoti. Infatti, il cammino discepolare richiede di crescere sempre più nella carità, sintesi della «*perfezione sacerdotale*»,[33] ma ciò non può realizzarsi isolatamente, perché i presbiteri formano un unico presbiterio, la cui unità è costituita da «*particolari vincoli di carità apostolica, di ministero e di fraternità*».[34] Pertanto l'«*intima fraternità sacramentale*»[35] dei presbiteri è la prima manifestazione di carità, nonché il primo spazio in cui essa può crescere. Tutto questo si darà con l'aiuto dello Spirito Santo e non senza un personale combattimento spirituale, che dovrà purificare da ogni forma di individualismo.

88. Tra le modalità che danno forma concreta alla fraternità sacramentale, alcune in modo particolare meritano di essere proposte sin dalla formazione iniziale:

a. *Incontro fraterno*: alcuni presbiteri organizzano *incontri fraterni* per pregare, magari meditando comunitariamen-

[33] *Presbyterorum ordinis*, n. 14: *AAS* 58 (1966), 1013.
[34] *Ibid.*, n. 8: *AAS* 58 (1966), 1004.
[35] *Ibid.*: *AAS* 58 (1966), 1003.

te la Parola di Dio, anche nella forma della *Lectio Divina*, approfondire qualche tema teologico o pastorale, condividere l'impegno ministeriale, aiutarsi o semplicemente trascorrere del tempo insieme. Nelle loro diverse forme, questi incontri costituiscono l'espressione più semplice e più diffusa della fraternità sacerdotale. In ogni caso, è fortemente auspicabile promuoverli.

b. *Direzione spirituale e confessione*: la fraternità sacramentale diviene un aiuto prezioso, quando prende la forma della *direzione spirituale* e della *confessione*, che i presbiteri domandano gli uni agli altri. La regolarità in questo tipo di incontri permette di mantenere viva la «*tensione dei sacerdoti verso la perfezione spirituale dalla quale soprattutto dipende l'efficacia del loro ministero*».[36] Particolarmente nei momenti di difficoltà, i presbiteri possono trovare nel Direttore spirituale un fratello, che li aiuti a fare discernimento sull'origine dei loro problemi e a mettere in atto i mezzi adeguati per fronteggiarli.

c. *Esercizi spirituali*: sono d'importanza fondamentale per la vita del sacerdote, in quanto, conducendo all'incontro personale con il Signore nel silenzio e nel raccoglimento, costituiscono un tempo privilegiato di discernimento personale e apostolico per una revisione progressiva e

[36] Benedetto XVI, *Discorso ai partecipanti all'assemblea plenaria della Congregazione per il Clero* (16 marzo 2009): *Insegnamenti* V/1 (2009), 392.

profonda della vita; proposti comunitariamente per i presbiteri favoriscono una partecipazione più ampia e il rafforzamento della comunione fraterna.

d. *Mensa comune*: nella condivisione dei pasti, i presbiteri imparano a conoscersi, ad ascoltarsi e ad apprezzarsi, avendo anche l'opportunità di un proficuo scambio amichevole.

e. *Vita comune*: alcuni presbiteri conducono una vita comune, per iniziativa personale, per necessità pastorali, per consuetudine o per disposizioni a livello locale.[37] Il vivere insieme diventa vera "vita comune" attraverso la preghiera comunitaria, la meditazione della Parola di Dio e altre occasioni di formazione permanente; inoltre, ciò consente uno scambio e un confronto sui rispettivi impegni pastorali. La vita comune mira anche a sostenere l'equilibrio affettivo e spirituale di coloro che vi partecipano e promuove la comunione con il Vescovo. Bisognerà curare che tali forme rimangano aperte all'intero presbiterio e alle necessità pastorali della diocesi.

f. *Associazioni sacerdotali*: esse tendono fondamentalmente a favorire l'unità dei presbiteri tra loro, con il resto del presbiterio e con il Vescovo.[38] I membri delle diverse associazioni riconosciute dalla Chiesa trovano in esse

[37] Cfr. C.I.C., can. 280; *Direttorio per il ministero e la vita dei presbiteri*, n. 38.

[38] Cfr. C.I.C., can. 278, §§ 1-2.

un sostegno fraterno, del quale i presbiteri avvertono il bisogno per il cammino verso la santità e per l'impegno pastorale.[39] Alcuni sacerdoti appartengono anche ai nuovi *movimenti ecclesiali*, all'interno dei quali trovano un clima di comunione e ricevono impulso per un rinnovato slancio missionario; altri vivono una consacrazione personale negli *Istituti Secolari* «*che presentano come nota specifica la diocesanità*»,[40] senza essere abitualmente incardinati in essi.

[39] Cfr. *Direttorio per il ministero e la vita dei presbiteri*, n. 106.
[40] *Pastores dabo vobis*, n. 81: *AAS* 84 (1992), 799.

V
DIMENSIONI DELLA FORMAZIONE

a) *Integrazione delle dimensioni formative*

89. Secondo quanto indicato dall'Esortazione apostolica post-sinodale *Pastores dabo vobis*,[1] quattro sono le dimensioni che interagiscono simultaneamente nell'*iter* formativo e nella vita dei ministri ordinati: la dimensione umana, che rappresenta la "base necessaria e dinamica" di tutta la vita presbiterale; la dimensione spirituale, che contribuisce a caratterizzare la qualità del ministero sacerdotale; la dimensione intellettuale, che offre i necessari strumenti razionali per comprendere i valori propri dell'essere pastore, per cercare d'incarnarli nel vissuto e per trasmettere il contenuto della fede in modo adeguato; la dimensione pastorale, che abilita a un responsabile e proficuo servizio ecclesiale.

Ciascuna delle dimensioni formative è finalizzata alla "trasformazione o assimilazione" del cuore a immagine di quello di Cristo,[2] di Colui che, inviato dal Padre per com-

[1] Cfr. *ibid.*, nn. 43-59: *AAS* 84 (1992), 731-762.

[2] Cfr. *Optatam totius*, n. 4: *AAS* 58 (1966), 716; *Pastores dabo vobis*, n. 57: *AAS* 84 (1992), 757-759.

piere il suo disegno d'amore, si commosse di fronte alle necessità umane (cfr. *Mt* 9, 36), andò a cercare le pecore perdute (cfr. *Mt* 18, 12-14), fino al punto di offrire per loro la sua stessa vita (cfr. *Gv* 10, 11), non venendo per essere servito, ma per servire (cfr. *Mt* 20, 28). Come suggerito dal Concilio Vaticano II,[3] l'intero processo educativo in preparazione al sacerdozio ministeriale, infatti, ha lo scopo di disporre i seminaristi «*a comunicare alla carità di Cristo, buon Pastore*».[4]

90. Il seminarista sarà chiamato, con il sacramento dell'Ordine, a radunare nell'unità e a presiedere il Popolo di Dio, come guida che favorisce e promuove la collaborazione di tutti i fedeli. La formazione al sacerdozio, quindi, deve svolgersi all'interno di un clima comunitario, capace di favorire quelle attitudini che sono proprie e funzionali alla vita e al ministero presbiterale.[5]

La vita comunitaria in Seminario è il contesto più adatto per la formazione di una vera fraternità presbiterale e rappresenta quell'ambito in cui concorrono e interagiscono le suddette dimensioni, armonizzandosi e integran-

[3] Cfr. *Optatam totius* nn. 4 e 19: *AAS* 58 (1966), 716 e 725-726

[4] *Pastores dabo vobis*, n. 57: *AAS* 84 (1992), 757-758.

[5] *Ibid.*, n. 65: *AAS* 84 (1992), 770: «È la Chiesa come tale il soggetto comunitario che ha la grazia e la responsabilità di accompagnare quanti il Signore chiama a divenire suoi ministri nel sacerdozio».

dosi vicendevolmente. Riguardo alla formazione comunitaria, in vista anche di una migliore conoscenza dei singoli seminaristi, si deve porre attenzione ad alcuni strumenti formativi, quali, ad esempio: la comunicazione sincera e aperta, la condivisione, la revisione di vita, la correzione fraterna e la programmazione comunitaria.

L'*humus* della vocazione al ministero presbiterale è la comunità, in quanto il seminarista proviene da essa, per esservi, dopo l'ordinazione, inviato a servirla. Il seminarista prima, e il presbitero poi, hanno bisogno di un legame vitale con la comunità. Essa si configura come filo conduttore che armonizza e unisce le quattro dimensioni formative.

91. La comunità cristiana è radunata dallo Spirito per essere inviata alla missione; quindi l'anelito missionario e la sua concreta messa in atto appartengono all'essere dell'intero Popolo di Dio,[6] che deve porsi costantemente «*in uscita*»,[7] dal momento che «*la gioia del Vangelo che riempie la vita della comunità dei discepoli è una gioia missionaria*».[8] Tale slancio missionario riguarda, in modo ancor più speciale, coloro che sono chiamati al ministero presbiterale, come fine e orizzonte di tutta la formazione. La missione si rivela come un altro filo conduttore (cfr. *Mc* 3, 14), che uni-

[6] Cfr. *Evangelii gaudium*, nn. 119-121: *AAS* 105 (2013), 1069-1071.

[7] *Ibid.*, n. 20: *AAS* 105 (2013), 1028.

[8] *Ibid.*, n. 21: *AAS* 105 (2013), 1028.

sce le dimensioni già menzionate, le anima e le vivifica, e permette al sacerdote umanamente, spiritualmente, intellettualmente e pastoralmente formato di vivere il proprio ministero in pienezza, in quanto «*è chiamato ad avere spirito missionario, cioè uno spirito veramente "cattolico", che partendo da Cristo si rivolge a tutti perché "siano salvati e giungano alla conoscenza della verità" (1 Tm 2, 4)*».[9]

92. Il concetto di formazione integrale riveste la massima importanza, in quanto è la stessa persona nella sua totalità, con tutto ciò che è e con tutto quello che possiede, a essere al servizio del Signore e della comunità cristiana. Il chiamato è un "soggetto integrale", ossia un individuo prescelto a raggiungere una solida interiorità, senza divisioni e dicotomie. Per giungere a tale obiettivo è necessario adottare un modello pedagogico integrato: un cammino che consenta alla comunità educativa di collaborare all'azione dello Spirito Santo, garantendo il giusto equilibrio tra le diverse dimensioni della formazione.

Occorre pertanto vigilare, affinché non si insinuino nell'*iter* formativo visioni riduttive o erronee del presbiterato. I formatori siano attenti nel discernere se, in coloro che sono loro affidati, vi sia soltanto una mera adesione, esteriore e formale, alle richieste educative che vengono a essi rivolte; un simile atteggiamento non contribuirebbe alla loro crescita integrale, ma, li abituerebbe, più o meno

[9] *Direttorio per il ministero e la vita dei presbiteri*, n. 16.

inconsapevolmente, a una obbedienza puramente "servile e interessata".

b) *La dimensione umana*

93. La chiamata divina interpella e coinvolge l'essere umano "concreto". È necessario che la formazione al sacerdozio offra i mezzi adeguati per facilitare la sua maturazione, in vista di un autentico esercizio del ministero presbiterale. A tal fine, il seminarista è chiamato a sviluppare la propria personalità, avendo come modello e fonte Cristo, l'uomo perfetto.

L'ampia riflessione presente nel Nuovo Testamento riguardo ai criteri d'idoneità dei ministri ordinati [10] mostra con quanta attenzione, fin dalle origini, si guardasse agli aspetti propri della dimensione umana. I Padri della Chiesa hanno elaborato e praticato la cura o "terapia" dell'uomo di fede chiamato al servizio apostolico, perché erano convinti del profondo bisogno di maturazione che rimane in ogni uomo.[11] Una retta e armonica spiritualità esige una ben strutturata umanità; infatti, come ricorda San Tommaso d'Aquino, «*la grazia presuppone la natura*»[12] e non si sostituisce a essa, ma la perfeziona.[13] È quindi necessario

[10] Per esempio, cfr. *Mt* 28, 20; *1 Pt* 5, 1-4; *Tit* 1, 5-9.

[11] Per esempio, si può ricordare Gregorio Nazianzeno, *Oratio* II: PG 35, 27.

[12] Tommaso D'Aquino, *Summa Theologiae*, I. q. 2, a. 2 ad 1.

[13] Cfr. *ibid.*, I, q. 1, a. 8 ad 2.

coltivare l'umiltà, il coraggio, il senso pratico, la magnanimità di cuore, la rettitudine nel giudizio e la discrezione, la tolleranza e la trasparenza, l'amore alla verità e l'onestà.

94. La formazione umana, fondamento di tutta la formazione sacerdotale,[14] promuovendo la crescita integrale della persona, permette di forgiarne la totalità delle dimensioni. Dal punto di vista fisico, essa si interessa di aspetti quali la salute, l'alimentazione, l'attività motoria, il riposo; in campo psicologico si occupa della costituzione di una personalità stabile, caratterizzata dall'equilibrio affettivo, dal dominio di sé e da una sessualità ben integrata. In ambito morale si ricollega all'esigenza che l'individuo arrivi progressivamente ad avere una coscienza formata, ossia che divenga una persona responsabile, capace di prendere decisioni giuste, dotata di retto giudizio e di una percezione obiettiva delle persone e degli avvenimenti. Tale percezione dovrà portare il seminarista a una equilibrata autostima, che lo conduca ad avere consapevolezza delle proprie doti, per imparare a metterle al servizio del Popolo di Dio. Nella formazione umana occorre curare l'ambito estetico, offrendo un'istruzione che permetta di conoscere le diverse manifestazioni artistiche, educando al "senso del bello", e l'ambito sociale, aiutando il soggetto a migliorare nella propria capacità relazionale, così che possa contribuire all'edificazione della comunità in cui vive.

[14] Cfr. *Pastores dabo vobis*, n. 43: *AAS* 84 (1992), 731-732.

Affinché tale azione educativa possa essere feconda, è importante che ogni seminarista sia consapevole e faccia partecipi i formatori della propria storia, del modo in cui ha vissuto la propria infanzia e adolescenza, dell'influenza che esercitano su di lui la famiglia e le figure parentali, della capacità o meno di instaurare relazioni interpersonali mature ed equilibrate, così come di gestire positivamente i momenti di solitudine. Tali informazioni sono rilevanti al fine di poter scegliere gli strumenti pedagogici opportuni, sia per la valutazione del cammino compiuto, che per la migliore comprensione di eventuali momenti di regressione o di difficoltà.

95. Segno dell'armonico sviluppo della personalità dei seminaristi è una matura capacità relazionale con uomini e donne, di ogni età e condizione sociale. È conveniente riferirsi alle considerazioni sul rapporto tra il seminarista e le donne, come trattato nei documenti del Magistero, in cui si legge che esso «*tocca il seminarista non solo nella sfera della sua vita personale, ma anche nella prospettiva della sua futura attività pastorale*».[15]

Il primo ambito in cui ogni persona impara a conoscere e apprezzare il mondo femminile è naturalmente la famiglia; in essa, la presenza della donna accompagna tutto il percorso formativo e, sin dall'infanzia, costituisce un positivo apporto alla sua crescita integrale. A questa molto contribuiscono anche le diverse donne che, con la loro

[15] *Orientamenti educativi per la formazione al celibato sacerdotale*, n. 60.

testimonianza di vita, offrono un esempio di preghiera e di servizio nella pastorale, di spirito di sacrificio e di abnegazione, di cura e di tenera vicinanza al prossimo. Analoga riflessione si può fare sulla presenza testimoniale della vita consacrata femminile.

Tale conoscenza e acquisizione di familiarità con la realtà femminile, così presente nelle parrocchie e in molti contesti ecclesiali, risulta conveniente ed essenziale alla formazione umana e spirituale del seminarista e va sempre intesa in senso positivo, come ha ricordato Giovanni Paolo II: «*Auspico dunque [...] che si rifletta con particolare attenzione sul tema del "genio della donna", non solo per riconoscervi i tratti di un preciso disegno di Dio che va accolto e onorato, ma anche per fare ad esso più spazio nell'insieme della vita sociale, nonché di quella ecclesiale...*».[16]

96. Il seminarista diventa capace di autodeterminarsi e di vivere la responsabilità anche attraverso la consapevolezza della propria debolezza, sempre presente nella sua personalità. I formatori, i confessori, i direttori spirituali e gli stessi seminaristi devono essere coscienti che i momenti di crisi, se adeguatamente compresi e trattati, con disponibilità a imparare dalla vita, possono e devono diventare occasione di conversione e di rinnovamento, inducendo la

[16] Giovanni Paolo II, *Lettera alle donne* (29 giugno 1995), n. 10: *Insegnamenti* XVIII/1 (1995), 1879; cfr. *Orientamenti educativi per la formazione al celibato sacerdotale*, n. 59.

persona a interrogarsi criticamente sul cammino compiuto, sulla propria condizione attuale, sulle proprie scelte e sul proprio futuro.

97. La formazione umana costituisce un elemento necessario per l'evangelizzazione, dal momento che l'annuncio del Vangelo passa attraverso la persona ed è mediato dalla sua umanità. «*Mi sarete testimoni [...] fino agli estremi confini della terra*» (*At* 1, 8); la realtà odierna ci obbliga a ripensare a queste parole di Gesù in modo nuovo, perché «*gli estremi confini della terra*» si sono ampliati, attraverso i *mass media* e i *social network*. Si tratta di «*una nuova "agorà", una piazza pubblica e aperta in cui le persone condividono idee, informazioni, opinioni, e dove, inoltre, possono prendere vita nuove relazioni e forme di comunità*»,[17] una piazza dalla quale i futuri pastori non possono restare esclusi, sia per il loro *iter* formativo, che per il loro futuro ministero.

Sotto tale aspetto, l'utilizzo dei *media* e l'approccio al mondo digitale sono una parte integrante dello sviluppo della personalità del seminarista, poiché «*attraverso i moderni mezzi di comunicazione, il Sacerdote potrà far conoscere la vita della Chiesa e aiutare gli uomini di oggi a scoprire il volto di Cristo, coniugando l'uso opportuno e competente di tali strumenti, acquisito anche nel periodo di formazione, con una solida preparazione teolo-*

[17] BENEDETTO XVI, *Messaggio per la* XLVII *Giornata delle Comunicazioni Sociali* (12 maggio 2013): *AAS* 105 (2013), 181.

gica e una spiccata spiritualità sacerdotale, alimentata dal continuo colloquio con il Signore».[18]

98. La Chiesa, in virtù del mandato ricevuto da Cristo, guarda con fiducia alle possibilità offerte dalla realtà digitale per l'evangelizzazione;[19] si tratta di nuovi "luoghi", in cui tante persone si muovono quotidianamente, "periferie digitali" nelle quali non può mancare la proposta di un'autentica cultura dell'incontro, nel nome di Gesù, per costituire un solo Popolo di Dio: «*I media possono aiutare a farci sentire più prossimi gli uni agli altri; a farci percepire un rinnovato senso di unità della famiglia umana che spinge alla solidarietà e all'impegno serio per una vita più dignitosa. Comunicare bene ci aiuta ad essere più vicini e a conoscerci meglio tra di noi, ad essere più uniti*».[20]

99. Nella maggior parte dei casi, coloro che iniziano il cammino in Seminario sono già naturalmente avvezzi e in un certo modo immersi nella realtà digitale e nei suoi strumenti. È necessario osservare la debita pruden-

[18] Id., *Messaggio per la XLIV Giornata delle Comunicazioni Sociali* (16 maggio 2010): *AAS* 102 (2010), 115-116.

[19] Francesco, *Messaggio per la* XLVIII *Giornata delle Comunicazioni Sociali* (1° giugno 2014): *AAS* 106 (2014), 115: «Aprire le porte delle chiese significa anche aprirle nell'ambiente digitale, sia perché la gente entri, in qualunque condizione di vita essa si trovi, sia perché il Vangelo possa varcare le soglie del tempio e uscire incontro a tutti».

[20] *Ibid.*: *AAS* 106 (2014), 113.

za rispetto agli inevitabili rischi che la frequentazione del mondo digitale comporta, comprese varie forme di dipendenza, che potranno essere affrontate con un adeguato supporto spirituale e psicologico. È conveniente che i seminaristi crescano in questo contesto, tenendo conto che il Seminario è una scuola di umanità e di fede, per far maturare la conformazione a Cristo, che si fa prossimo a tutta l'umanità, anche a quella più lontana: «*L'icona del buon samaritano, che fascia le ferite dell'uomo percosso versandovi sopra olio e vino, ci sia di guida. La nostra comunicazione sia olio profumato per il dolore e vino buono per l'allegria. La nostra luminosità non provenga da trucchi o effetti speciali, ma dal nostro farci prossimo di chi incontriamo ferito lungo il cammino, con amore, con tenerezza*».[21]

100. In modo particolare, i *social network* chiedono di essere inseriti (attraverso una gestione vigilante, ma anche serena e positiva) all'interno del quotidiano vivere nella comunità del Seminario. È conveniente che siano sperimentati come luoghi di nuove possibilità dal punto di vista delle relazioni interpersonali, dell'incontro con gli altri, del confronto con il prossimo, della testimonianza di fede, il tutto in una prospettiva di crescita educativa, che non può non considerare tutti i luoghi di relazione nei quali ci si trova a vivere.

[21] *Ibid.*: *AAS* 106 (2014), 116.

c) *La dimensione spirituale*

101. La formazione spirituale è orientata ad alimentare e a sostenere la comunione con Dio e con i fratelli, nell'amicizia con Gesù Buon Pastore e in un atteggiamento di docilità allo Spirito.[22] Questa intima relazione forma il cuore del seminarista a quell'amore generoso e oblativo che rappresenta l'inizio della carità pastorale.

102. Il centro della formazione spirituale è l'unione personale con Cristo, che nasce e si alimenta in modo particolare nell'orazione silenziosa e prolungata.[23] Attraverso la preghiera, l'ascolto della Parola, la partecipazione assidua ai sacramenti, alla liturgia e alla vita comunitaria, il seminarista fortifica il proprio vincolo di unione con Dio, sull'esempio di Cristo, il quale ebbe come programma di vita quello di fare la volontà del Padre Suo (cfr. *Gv* 4, 34). Nel percorso formativo l'anno liturgico offre la mistagogia pedagogica della Chiesa, permettendo di apprenderne la spiritualità attraverso l'interiorizzazione dei testi biblici e delle preghiere della liturgia.[24]

[22] Cfr. *Presbyterorum ordinis*, n. 12: *AAS* 58 (1966), 1009-1011.

[23] Cfr. *Catechismo della Chiesa Cattolica*, nn. 2709-2719.

[24] «Tutto l'anno liturgico sia poi, non soltanto per la celebrazione liturgica, ma per la vita stessa, un cammino spirituale per partecipare intimamente al mistero del Cristo»: Sacra Congregazione per l'Educazione Cattolica, *Istruzione sulla formazione liturgica nei Seminari* (3 giugno 1979), n. 32: *Enchiridion Vaticanum* 6 (2001), 1590.

103. Occorre ricordare che «*l'ignoranza delle Scritture è ignoranza di Cristo*».[25] Pertanto, nel processo di maturazione spirituale un posto eminente spetta alla relazione con la Parola di Dio,[26] che prima di diventare predicazione deve essere accolta nel profondo del cuore,[27] «*soprattutto nel contesto della "nuova evangelizzazione", alla quale la Chiesa oggi è chiamata*».[28] Essa è il riferimento continuo per la vita discepolare e la configurazione spirituale a Cristo Buon Pastore. I seminaristi hanno bisogno di essere introdotti gradualmente alla conoscenza della Parola di Dio, tramite il metodo della *Lectio Divina*.[29] Una meditazione quotidiana

[25] GIROLAMO, *Commentarii in Isaiam*, Prologus: CCL 73, 1.

[26] BENEDETTO XVI, Esortazione apostolica post-sinodale *Verbum Domini* (30 settembre 2010), n. 82: *AAS* 102 (2010), 753: «Gli aspiranti al sacerdozio ministeriale sono chiamati ad un profondo rapporto personale con la Parola di Dio, in particolare nella lectio divina, perché da tale rapporto si alimenta la vocazione stessa: è nella luce e nella forza della Parola di Dio che può essere scoperta, compresa, amata e seguita la propria vocazione e compiuta la propria missione, alimentando nel cuore i pensieri di Dio, così che la fede, come risposta alla Parola, divenga il nuovo criterio di giudizio e di valutazione degli uomini e delle cose, degli avvenimenti e dei problemi»

[27] Cfr. ORIGENE, *Homilia in Lucam*, XXXII, 2: PG 13, 1884.

[28] *Pastores dabo vobis*, n. 47: *AAS* 84 (1992), 741.

[29] Cfr. *ibid.*, n. 47: *AAS* 84 (1992), 740-742; *Verbum Domini*, nn. 86-87: *AAS* 102 (2010), 757-760.

e profonda,[30] praticata con fedeltà e diligenza, nella quale confluisca anche una feconda reciprocità tra studio e preghiera, potrà garantire loro un approccio integrale,[31] sia all'Antico che al Nuovo Testamento.

104. In virtù della necessaria conformazione a Cristo «*i candidati all'ordinazione devono, anzitutto, essere formati a una fede molto viva nell'Eucaristia*»,[32] in vista di ciò che vivranno dopo l'ordinazione presbiterale. La partecipazione alla celebrazione eucaristica quotidiana, che trova la sua naturale prosecuzione nell'adorazione eucaristica,[33] permea la vita del seminarista in modo che in essa maturi una costante unione con il Signore.[34]

105. Nella vita di preghiera di un presbitero non deve mancare la Liturgia delle Ore, che rappresenta una vera

[30] Cfr. CONCILIO ECUMENICO VATICANO II, Costituzione dogmatica sulla Divina Rivelazione *Dei Verbum* (18 novembre 1965), n. 21: *AAS* 58 (1966), 828.

[31] Cfr. *Verbum Domini*, n. 82: *AAS* 102 (2010), 753-754.

[32] GIOVANNI PAOLO II, *Angelus* (1° luglio 1990), n. 2: *Insegnamenti* XIII/2 (1990), 7; cfr. C.I.C., can. 246, § 1.

[33] Cfr. *Sacramentum caritatis*, nn. 66-67: *AAS* 99 (2007), 155-156; AGOSTINO, *Enarrationes in Psalmos*, 98, 9: CCL 39, 1385.

[34] *Pastores dabo vobis*, n. 48: *AAS* 84 (1992), 743: «Essi saranno inoltre educati a considerare la celebrazione eucaristica come il momento essenziale della loro giornata, al quale s'abitueranno a partecipare attivamente, mai accontentandosi di un'assistenza soltanto abitudinaria».

e propria «scuola di orazione» anche per i seminaristi,[35] i quali, accostandosi gradualmente alla preghiera della Chiesa, attraverso l'Ufficio Divino, imparano a gustarne la ricchezza e la bellezza.[36]

106. La celebrazione regolare e frequente del sacramento della Penitenza, preparato attraverso un quotidiano esame di coscienza, per il seminarista diventa l'occasione per riconoscere, con umiltà, le proprie fragilità e i propri peccati e, soprattutto, per comprendere e sperimentare la gioia di sentirsi amato e perdonato dal Signore; inoltre, «*di qui scaturiscono il senso dell'ascesi e della disciplina interiore, lo spirito di sacrificio e di rinuncia, l'accettazione della fatica e della croce*».[37]

107. La direzione spirituale è uno strumento privilegiato per la crescita integrale della persona. Il Direttore spirituale sia scelto con piena libertà dai seminaristi tra i sacerdoti designati dal Vescovo.[38] Tale libertà è veramente autentica soltanto quando il seminarista si apre con sincerità, fiducia e docilità. L'incontro con il Direttore spirituale non deve essere occasionale, ma sistematico e regolare;

[35] Cfr. *Istruzione sulla formazione liturgica nei Seminari*, nn. 28-31: *Enchiridion Vaticanum* 6 (2001), 1583-1588; C.I.C., can. 276, § 2, n. 3.

[36] Cfr. *Pastores dabo vobis*, n. 26: *AAS* 84 (1992), 697-700; cfr. anche *Istruzione sulla formazione liturgica nei Seminari*, n. 31: *Enchiridion Vaticanum* 6 (2001), 1587-1588.

[37] *Pastores dabo vobis*, n. 48: *AAS* 84 (1992), 744.

[38] Cfr. C.I.C., can. 239, § 2.

la qualità dell'accompagnamento spirituale, infatti, è importante in vista dell'efficacia stessa di tutto il processo formativo.

I seminaristi abbiano a disposizione confessori ordinari e anche altri confessori, che vengono regolarmente in Seminario; tuttavia, essi hanno sempre la possibilità di rivolgersi liberamente a qualsiasi confessore, sia all'interno sia all'esterno del Seminario.[39] È auspicabile che, per una formazione integrale, il Direttore spirituale possa essere anche il confessore abituale.

108. Gli esercizi spirituali annuali,[40] tempo di profonda verifica nell'incontro prolungato e orante con il Signore, vissuti in un clima di raccoglimento e di silenzio, devono poi essere ripresi e trovare una continuità, durante il corso dell'anno, nei ritiri periodici e nella preghiera quotidiana. Così facendo, nel cuore del seminarista, plasmato dall'azione dello Spirito, gradualmente si manifesterà e si consoliderà il desiderio di spendere, con generosità, la propria vita nell'esercizio della carità pastorale.

109. Ponendosi alla sequela del Maestro, con fede e libertà di cuore, il seminarista impara, sull'esempio di Cristo, a far dono della «*propria volontà per mezzo dell'obbedienza nel servizio di Dio e dei fratelli*».[41] L'obbedienza unisce alla

[39] Cfr. *ibid.*, can. 240, § 1.

[40] Cfr. *ibid.*, can. 246, § 5.

[41] *Presbyterorum ordinis*, n. 15: *AAS* 58 (1966), 1014.

sapienza di Dio, che edifica la Chiesa e indica a ciascuno il posto e la missione; spetta quindi ai formatori educare i seminaristi a una vera e matura obbedienza, esercitando l'autorità con prudenza e incoraggiandoli così a prestare il loro assenso, anche interiore, in modo sereno e sincero.

110. Il consiglio evangelico della castità sviluppa la maturità della persona, rendendola capace di vivere la realtà del proprio corpo e della propria affettività nella logica del dono. Questa virtù «*qualifica tutte le relazioni umane e conduce "a sperimentare e a manifestare [...] un amore sincero, umano, fraterno, personale e capace di sacrifici, sull'esempio di Cristo, verso tutti e verso ciascuno"*».[42]

Come segno di questa dedizione totale a Dio e al prossimo, la Chiesa Latina ritiene la continenza perfetta nel celibato per il Regno dei Cieli specialmente conveniente per il sacerdozio.[43] Radicati in Cristo Sposo e totalmente consacrati al servizio del Popolo di Dio nel celibato, i presbiteri «*più facilmente aderiscono [a Cristo] con cuore indiviso, più liberamente [...] si dedicano al servizio di Dio e degli uomini [...] e così diventano più capaci di ricevere una più ampia paternità in Cristo [...]*».[44] Coloro perciò che si preparano al sacerdozio riconoscano e accettino il celibato come uno speciale dono di Dio. In una corretta educazione all'affettività, in-

[42] *Pastores dabo vobis*, n. 50: *AAS* 84 (1992), 746.

[43] Cfr. *Presbyterorum ordinis*, n. 16: *AAS* 58 (1966), 1015-1017; C.I.C., can. 247, § 1.

[44] *Presbyterorum ordinis*, n. 16: *AAS* 58 (1966), 1015-1016.

tesa come un cammino per la pienezza dell'amore, «*la castità celibataria non è tanto un tributo che si paga al Signore, quanto piuttosto un dono che si riceve dalla sua misericordia. La persona che entra in questo stato di vita deve essere consapevole che non si assume solo un peso, ma riceve soprattutto una grazia liberatrice*».[45]

Affinché poi la scelta del celibato sia veramente libera, è necessario che i seminaristi possano capire, con la luce della fede, la forza evangelica di tale dono,[46] e, nel contempo, stimare rettamente i valori dello stato matri-

[45] *Orientamenti educativi per la formazione al celibato sacerdotale*, n. 16; n. 58: «I seminaristi siano guidati a scoprire la teologia della castità, mostrando i rapporti che corrono tra la pratica di questa virtù e tutte le grandi verità del cristianesimo. Si mostri la fecondità apostolica della verginità consacrata, facendo notare che ogni esperienza di bene o di male va a modificare in senso positivo o negativo il nostro essere, la nostra personalità e, conseguentemente, anche la nostra azione apostolica».

[46] *Pastores dabo vobis*, n. 29: *AAS* 84 (1992), 704: «È particolarmente importante che il sacerdote comprenda la motivazione teologica della legge ecclesiastica sul celibato. In quanto legge, esprime la volontà della Chiesa, prima ancora che la volontà del soggetto espressa dalla sua disponibilità. Ma la volontà della Chiesa trova la sua ultima motivazione nel "legame che il celibato ha con l'Ordinazione sacra", che configura il sacerdote a Gesù Cristo Capo e Sposo della Chiesa. La Chiesa, come Sposa di Gesù Cristo, vuole essere amata dal sacerdote nel modo totale ed esclusivo con cui Gesù Cristo Capo e Sposo l'ha amata. Il celibato sacerdotale, allora, è dono di sé in e con Cristo alla sua Chiesa ed esprime il servizio del sacerdote alla Chiesa in e con il Signore».

moniale: «*Matrimonio e celibato sono due stati di vita autenticamente cristiana. Ambedue sono modi di realizzazione specifica della vocazione cristiana*».[47]

Sarebbe gravemente imprudente ammettere al sacramento dell'Ordine un seminarista che non abbia maturato una serena e libera affettività, fedele nella castità celibataria, attraverso l'esercizio delle virtù umane e sacerdotali, intese come apertura all'azione della grazia e non come mera impostazione volontaristica della continenza.

Nel caso che nei Seminari latini vengano ammessi seminaristi delle Chiese orientali cattoliche, per quanto riguarda la loro formazione al celibato o al matrimonio siano osservate le norme e le consuetudini delle rispettive Chiese orientali.[48]

111. I seminaristi coltivino concretamente lo spirito di povertà.[49] Essi vengano formati a imitare il cuore di Cristo che, «*da ricco che era, si è fatto povero*» (*2 Cor* 8, 9) per arricchirci. Cerchino di acquisire la vera libertà e docilità dei figli di Dio, giungendo a quella padronanza spirituale che è necessaria per conseguire un giusto rapporto con il

[47] *Orientamenti educativi per la formazione al celibato sacerdotale*, n. 6.

[48] Cfr. C.C.E.O., cann. 343 e 373-375.

[49] Cfr. *Presbyterorum ordinis*, n. 17: *AAS* 58 (1966), 1017-1018; cfr. anche *Evangelii gaudium*, n. 198: *AAS* 105 (2013), 1103; FRANCESCO, Discorso ai seminaristi, ai novizi e alle novizie provenienti da varie parti del mondo in occasione dell'Anno della Fede (6 luglio 2013): *Insegnamenti* I/2 (2013), 9.

mondo e con i beni terreni;[50] assumano in tal modo lo stile degli Apostoli, invitati da Cristo a confidare nella Provvidenza, «senza prendere nulla per il viaggio» (cfr. *Mc* 6, 8-9). Abbiano specialmente a cuore i più poveri e i più deboli, e, già abituati a una generosa e volontaria rinuncia a quanto non è necessario, siano testimoni di povertà, attraverso la semplicità e l'austerità della vita,[51] per divenire sinceri e credibili promotori di una vera giustizia sociale.[52]

112. I seminaristi siano invitati a coltivare un'autentica e filiale devozione alla Vergine Maria,[53] sia attraverso la sua memoria nella liturgia che nella pietà popolare, in particolare con la recita del Rosario e dell'Angelus Domini. Ciò in considerazione del fatto che «*ogni aspetto della formazione sacerdotale può essere riferito a Maria come alla persona umana che più di ogni altra ha corrisposto alla vocazione di Dio, che si è fatta serva e discepola della Parola sino a concepire nel suo cuore e nella sua carne il Verbo fatto uomo per donarlo all'umanità*».[54]

[50] *Pastores dabo vobis*, n. 30: *AAS* 84 (1992), 706: «Solo la povertà assicura al sacerdote la sua disponibilità ad essere mandato là dove la sua opera è più utile ed urgente, anche con sacrificio personale».

[51] Cfr. Ambrogio, *De officiis ministrorum*, II, 28: PL 16, 139-142.

[52] Cfr. *Pastores dabo vobis*, n. 30: *AAS* 84 (1992), 705-707.

[53] Cfr. C.I.C., can. 246, § 3.

[54] *Pastores dabo vobis*, n. 82: *AAS* 84 (1992), 802.

Non si dimentichi, inoltre, l'importanza di una sincera devozione ai Santi, tra cui lo sposo di Maria e patrono della Chiesa Universale, San Giuseppe, «*chiamato da Dio a servire direttamente la persona e la missione di Gesù mediante l'esercizio della sua paternità*»,[55] da proporre e far conoscere ai seminaristi, perché abbiano «*sempre dinanzi agli occhi il suo umile, maturo modo di servire e di "partecipare" all'economia della salvezza*».[56]

113. Come componente della dimensione spirituale,[57] dovranno essere presenti la conoscenza e la meditazione dei Padri della Chiesa, testimoni della vita millenaria del Popolo di Dio. Nei Padri, «*il senso della novità della vita cristiana si univa alla certezza della fede. Da ciò si sprigionava nelle comunità cristiane del loro tempo una "vitalità esplosiva", un fervore missionario, un clima di amore che ispirava le anime all'eroismo della vita quotidiana*».[58]

114. Siano inoltre promosse e trovino spazio tanto le pratiche devozionali, quanto certune espressioni legate alla religiosità o pietà popolare, soprattutto in quelle forme

[55] Giovanni Paolo II, Esortazione apostolica *Redemptoris custos* (15 agosto 1989), n. 8: *AAS* 82 (1990), 14.

[56] *Ibid.*, n. 1: *AAS* 82 (1990), 6.

[57] Cfr. *Optatam totius*, n. 16: *AAS* 58 (1966), 723-724; Congregazione per l'Educazione Cattolica, *Istruzione sullo studio dei Padri della Chiesa nella formazione sacerdotale* (10 novembre 1989), n. 45.

[58] *Istruzione sullo studio dei Padri della Chiesa nella formazione sacerdotale*, n. 44.

approvate dal Magistero;[59] mediante esse i futuri presbiteri acquisiscono familiarità con la "spiritualità popolare", che dovranno discernere, orientare e accogliere, in nome della necessaria carità ed efficacia pastorale.[60]

115. Per coloro che sono chiamati al sacerdozio e al ministero pastorale, è importante curare il progressivo sviluppo di alcune virtù specifiche:[61] «*La fedeltà, la coerenza, la saggezza, l'accoglienza di tutti, l'affabile bontà, l'autorevole fermezza sulle cose essenziali, la libertà da punti di vista troppo soggettivi, il disinteresse personale, la pazienza, il gusto dell'impegno quotidiano, la fiducia nel lavoro nascosto della grazia che si manifesta nei semplici e nei poveri*»;[62] inoltre, per divenire davvero un pastore secondo il Cuore di Gesù, il sacerdote, «*consapevole della misericordia immeritata di Dio nella propria vita e nella vita dei suoi confratelli, deve coltivare le virtù dell'umiltà e della misericordia verso tutto il popolo di Dio, specialmente nei riguardi di quelle persone che si sentono estranee alla Chiesa*».[63]

[59] Cfr. CONGREGAZIONE PER IL CULTO DIVINO E LA DISCIPLINA DEI SACRAMENTI, *Direttorio su pietà popolare e liturgia. Principi e orientamenti* (17 dicembre 2001), nn. 61-64.

[60] Cfr. PAOLO VI, Esortazione apostolica *Evangelii nuntiandi* (8 dicembre 1975), n. 48: *AAS* 68 (1976), 37-38; *Evangelii gaudium*, nn. 122-126: *AAS* 105 (2013), 1071-1073.

[61] Cfr. C.I.C., cann. 244-245, § 1.

[62] *Pastores dabo vobis*, n. 26: *AAS* 84 (1992), 700.

[63] *Direttorio per il ministero e la vita dei presbiteri*, n. 46.

d) *La dimensione intellettuale*

116. La formazione intellettuale è finalizzata al raggiungimento, da parte dei seminaristi, di una solida competenza in ambito filosofico e teologico, nonché di una preparazione culturale di carattere generale, tale da permettere loro di annunciare, in modo credibile e comprensibile per l'uomo di oggi, il messaggio evangelico, di porsi proficuamente in dialogo col mondo contemporaneo e di sostenere, con la luce della ragione, la verità della fede, mostrandone la bellezza.

Con diligente cura, i candidati al presbiterato dovranno prepararsi, attraverso l'approfondimento delle scienze filosofiche e teologiche, e con una buona introduzione al diritto canonico e alle scienze sociali e storiche, a "rendere ragione della speranza" (cfr. *1 Pt* 3, 15), al fine di favorire la conoscenza della Rivelazione di Dio e di portare tutte le genti all'obbedienza della fede (cfr. *Rm* 16, 26).

La ragione aperta al mistero di Dio e orientata a Lui permette un'accoglienza solida della Rivelazione, ne favorisce l'approfondimento in termini di contenuti e offre strumenti e linguaggi per annunciarla al mondo. Come già affermato dal Concilio Vaticano II, la conoscenza filosofica e teologica serve per «*ascoltare attentamente, discernere e interpretare i vari linguaggi del nostro tempo, e saperli giudicare alla luce della Parola di Dio perché la verità rivelata sia capita sempre più a fondo, sia meglio compresa e possa venir presentata in forma più adatta*».[64]

117. La formazione intellettuale è parte della formazione integrale del presbitero; anzi, è al servizio del suo ministero pastorale e incide anche sulla formazione umana e su quella spirituale, che da essa traggono un proficuo alimento. Ciò significa che lo sviluppo di tutte le facoltà e dimensioni della persona, compresa quella razionale, con il vasto campo di conoscenze acquisite, contribuisce alla crescita del presbitero, servo e testimone della Parola nella Chiesa e nel mondo. Lungi dall'essere relegata al solo campo delle conoscenze o dall'essere intesa soltanto come strumento per ricevere maggiori informazioni sulle singole discipline, essa accompagna i presbiteri perché si dispongano a un ascolto profondo della Parola, come anche della comunità ecclesiale, per imparare a scrutare i segni dei tempi.

118. Lo studio approfondito e organico della filosofia e della teologia è lo strumento più adatto in vista dell'appropriazione di quella *forma mentis* che consente di affrontare le domande e le sfide che si presentano nell'esercizio del ministero, interpretandole in un'ottica di fede. Da una parte, è necessario non trascurare una solida e adeguata qualità della formazione intellettuale, dall'altra, occorre ricordare che l'adempimento degli obblighi relativi allo studio non può essere l'unico criterio per determinare la

[64] *Gaudium et spes*, n. 44: *AAS* 58 (1966), 1065.

durata dell'*iter* formativo del candidato al sacerdozio, dal momento che lo studio, sebbene importante, rappresenta solo un aspetto, pur non secondario, della formazione integrale, in vista del presbiterato. Sarà cura di ogni *Ratio* nazionale provvedere ad ampliare gli elementi essenziali esposti in questa *Ratio Fundamentalis* relativi alla formazione intellettuale, tenuto conto delle specificità storiche e culturali di ogni Paese.

e) *La dimensione pastorale*

119. Poiché la finalità del Seminario è quella di preparare i seminaristi a essere pastori a immagine di Cristo, la formazione sacerdotale deve risultare permeata da uno spirito pastorale, che renda capaci di provare quella stessa compassione, generosità, amore per tutti, specialmente per i poveri, e slancio per la causa del Regno, che caratterizzarono il ministero pubblico del Figlio di Dio, e che possono essere sintetizzati nella carità pastorale.

Naturalmente, però, deve essere offerta una formazione di carattere specificatamente pastorale,[65] che aiuti

[65] *Pastores dabo vobis*, n. 58: *AAS* 84 (1992), 759-760: «La proposta educativa del Seminario si fa carico di una vera e propria iniziazione alla sensibilità del pastore, all'assunzione consapevole e matura delle sue responsabilità, all'abitudine interiore di valutare i problemi e di stabilire le priorità e i mezzi di soluzione, sempre in base a limpide motivazioni di fede e secondo le esigenze teologiche della pastorale stessa»; cfr. C.I.C., can. 258.

il seminarista nell'acquisizione di quella libertà interiore necessaria per vivere l'apostolato come servizio, capace di scorgere l'azione di Dio nel cuore e nella vita degli uomini. Vissuta così, l'attività pastorale si configura per lo stesso ministro ordinato come una permanente scuola di evangelizzazione. In questo tempo, il seminarista inizierà a porsi come guida di un gruppo e a essere presente come uomo di comunione, attraverso l'ascolto e l'attento discernimento della situazione, nonché a cooperare con altri e a promuoverne la ministerialità. In modo particolare, i seminaristi devono essere debitamente educati a collaborare con i diaconi permanenti e con il mondo del laicato, valorizzando il loro specifico apporto. È necessario che i candidati al ministero presbiterale ricevano una conveniente formazione anche sulla natura evangelica della vita consacrata nelle sue molteplici espressioni, sul suo carisma proprio e sugli aspetti canonici, in vista di una proficua collaborazione.

120. La chiamata a essere Pastori del Popolo di Dio esige una formazione che renda i futuri sacerdoti esperti nell'arte del discernimento pastorale, cioè capaci di un ascolto profondo delle situazioni reali e di un buon giudizio nelle scelte e nelle decisioni. Per attuare il discernimento pastorale occorre mettere al centro lo stile evangelico dell'ascolto, che libera il Pastore dalla tentazione dell'astrattezza, del protagonismo, dell'eccessiva sicurezza di sé e di quella freddezza, che lo renderebbe "un ragioniere

dello spirito" invece che "un buon samaritano".[66] Chi si pone in ascolto di Dio e dei fratelli sa che è lo Spirito a guidare la Chiesa verso la verità tutta intera (cfr. *Gv* 16, 13), e che essa, in coerenza con il mistero dell'Incarnazione, germoglia lentamente nella vita reale dell'uomo e nei segni della storia.

Così, il Pastore impara a uscire dalle proprie certezze precostituite e non penserà al proprio ministero come una serie di cose da fare o di norme da applicare, ma farà della propria vita il "luogo" di un accogliente ascolto di Dio e dei fratelli.[67]

Nell'ascolto attento, rispettoso e privo di pregiudizi, il Pastore diventerà capace di una lettura non superficiale e non giudicante della vita degli altri, entrando nel cuore delle persone e nei contesti della vita che le distinguono, soprattutto negli ostacoli interni ed esterni, che rendono talvolta problematico il loro agire. Egli sarà in grado di interpretare con saggezza e comprensione i condiziona-

[66] Cfr. *Evangelii gaudium*, n. 33: *AAS* 105 (2013), 1034; *Amoris laetitia*, n. 300 FRANCESCO, *Omelia per il Giubileo dei sacerdoti e dei seminaristi* (3 giugno 2016): *L'Osservatore Romano* 126 (4 giugno 2016), 8.

[67] ID. *Angelus* (17 luglio 2016): *L'Osservatore Romano* 163 (18-19 luglio 2016), 1: «L'ospite non va semplicemente servito, nutrito, accudito in ogni maniera. Occorre soprattutto che sia ascoltato. [...] Perché l'ospite va accolto come persona, con la sua storia, il suo cuore ricco di sentimenti e di pensieri, così che possa sentirsi veramente in famiglia».

menti di ogni genere, nei quali le persone si muovono, imparando a proporre scelte spirituali e pastorali attuabili, attente alla vita dei fedeli e all'ambiente socio-culturale circostante.

Lo sguardo del Buon Pastore, che cerca, accompagna e guida le sue pecore, lo introdurrà in una visione serena, prudente e compassionevole; egli svolgerà il suo ministero in uno stile di serena accoglienza e di vigile accompagnamento di tutte le situazioni, anche di quelle più complesse, mostrando la bellezza e le esigenze della verità evangelica, senza scadere in ossessioni legaliste e rigoriste. In tal modo, saprà proporre percorsi di fede attraverso piccoli passi, che possono essere meglio apprezzati e accolti. Egli diventerà così segno di misericordia e di compassione, testimoniando il volto materno della Chiesa che, senza rinunciare alle esigenze della verità evangelica, evita di trasformarle in macigni, preferendo guidare con compassione e includere tutti.

121. Poiché destinatari della cura pastorale sono anche i non praticanti, i non credenti e coloro che professano un'altra religione, i seminaristi sono chiamati a imparare a porsi in dialogo e ad annunciare il Vangelo di Cristo a tutti gli uomini, comprendendone le attese più profonde e nel rispetto della libertà di ciascuno. I formatori, pertanto, insegnino ai futuri pastori come creare nuovi "spazi" e nuove opportunità pastorali, per andare incontro a coloro che non condividono pienamente la fede cattolica, ma

cercano, con buona volontà, una risposta esauriente e autentica ai loro interrogativi più profondi.

122. Una solida formazione pastorale esige non solo l'esercizio di attività di carattere apostolico, ma anche lo studio della teologia pastorale, la quale si avvale, laddove necessario, del proficuo contributo delle scienze umane, specialmente della psicologia, della pedagogia e della sociologia.

123. In questo impegno per conseguire la "statura" e l'impronta pastorale per la missione, sarà di grande aiuto e stimolo l'esempio dei sacerdoti che hanno preceduto i candidati nel ministero – anche quelli ormai anziani – e dei Pastori che guidano le Diocesi, oltre che dei Vescovi emeriti; si tratterà quindi di far conoscere e apprezzare la "tradizione pastorale" della Chiesa locale in cui saranno incardinati o eserciteranno il ministero, al fine di facilitare il loro successivo inserimento nella vita pastorale.

I seminaristi siano animati da uno spirito autenticamente cattolico; amando sinceramente la propria Diocesi, siano disposti, se in futuro sarà loro richiesto o essi stessi lo desiderano, a porsi al servizio specifico della Chiesa Universale o di altre Chiese particolari con generosità e dedizione.[68]

124. Secondo il prudente giudizio dei Vescovi, siano introdotte, per tutto il tempo della formazione, nei tempi e nei modi più opportuni, e valorizzando specialmen-

[68] Cfr. *Evangelii gaudium*, n. 273: *AAS* 105 (2013), 1130.

te i giorni e i periodi privi di lezioni accademiche, alcune esperienze di apostolato, indispensabili per la formazione integrale del soggetto, da calibrarsi sulla base dell'età dei seminaristi e delle diverse attitudini dei singoli. Ogni Seminario, operando in sintonia e a stretto contatto con le altre istituzioni diocesane, si impegni a definire l'esperienza del tirocinio pastorale, collocandola nel corso dell'anno, in modo da evitare che possa in qualche modo pregiudicare gli altri impegni formativi. Grande attenzione andrà riservata agli ambiti nei quali i seminaristi svolgeranno i loro tirocini pastorali; in modo particolare, «*nella scelta dei luoghi e dei servizi adatti all'esercizio pastorale si dovrà avere particolare riguardo per la parrocchia, cellula vitale delle esperienze pastorali settoriali e specializzate, nella quale essi verranno a trovarsi di fronte ai problemi particolari del loro futuro ministero*».[69]

Una speciale attenzione deve essere riservata anche alla preparazione dei seminaristi in merito alle modalità specifiche d'accompagnamento pastorale dei bambini, dei giovani, dei malati, degli anziani, delle persone diversamente abili e di quanti vivono in situazioni di solitudine o di povertà,[70] magari a causa della loro condizione di

[69] *Pastores dabo vobis*, n. 58: *AAS* 84 (1992), 760.
[70] Cfr. *Evangelii gaudium*, n. 270: *AAS* 105 (2013), 1128.

migranti,[71] e dei carcerati; si presti un riguardo particolare al fondamentale campo della pastorale famigliare.[72]

Tali esperienze devono essere guidate da sacerdoti, consacrati e laici veramente esperti e prudenti, che assegnino a ciascun seminarista un determinato compito, istruendolo sulla modalità concreta di azione, e che siano possibilmente presenti durante lo svolgimento delle attività stesse, così da essere in grado di consigliare e sostenere opportunamente il seminarista e di aiutarlo a valutare il servizio svolto.

[71] Cfr. Congregazione per l'Educazione Cattolica, *La pastorale della mobilità umana nella formazione dei futuri sacerdoti* (25 gennaio 1986).

[72] Cfr. Ead., *Direttive sulla formazione dei seminaristi circa i problemi relativi al matrimonio e alla famiglia* (19 marzo 1995).

VI
GLI AGENTI DELLA FORMAZIONE

125. Il principale agente della formazione sacerdotale è la Santissima Trinità, che plasma ogni seminarista secondo il disegno del Padre, sia attraverso la presenza di Cristo nella sua parola, nei sacramenti e nei fratelli della comunità, sia attraverso la multiforme azione dello Spirito Santo.[1] Nella formazione di coloro che Cristo chiama e nel discernimento vocazionale, il primato dell'azione dello Spirito Santo esige reciproco ascolto e cooperazione tra i membri della comunità ecclesiale, sacerdoti, diaconi, consacrati e laici.

126. Nelle Chiese particolari sussiste la Chiesa Cattolica, una e unica.[2] Anche se, normalmente, la formazione al presbiterato si realizza nel contesto ecclesiale proprio di una Diocesi, o delle istituzioni di appartenenza, il ministero presbiterale è aperto all'universalità della Chiesa[3] e, perciò, comporta anche l'eventuale disponibilità ai bisogni più urgenti di altre Diocesi.

Il riferimento alla Chiesa locale di appartenenza costituisce, però, il contesto imprescindibile del processo for-

[1] Cfr. *Pastores dabo vobis*, n. 65: *AAS* 84 (1992), 770-772.

[2] C.I.C., can. 368: *«le Chiese particolari, nelle quali e dalle quali sussiste la sola e unica Chiesa cattolica, sono innanzitutto le Diocesi»*.

[3] Cfr. *Pastores dabo vobis*, n. 18: *AAS* 84 (1992), 684-686.

mativo. La Chiesa locale rappresenta, nel contempo, sia il luogo in cui le regole del discernimento vocazionale troveranno applicazione, sia il testimone dei progressi compiuti dai singoli verso quella maturità umana e cristiana richiesta in vista dell'ordinazione presbiterale.

127. I membri della comunità diocesana di appartenenza sono corresponsabili della formazione presbiterale, secondo diversi livelli, modi e competenze: il Vescovo, come Pastore responsabile della comunità diocesana; il presbiterio, come ambito di comunione fraterna nell'esercizio del ministero ordinato; la comunità dei formatori del Seminario, come mediazione spirituale e pedagogica; i professori, offrendo quel supporto intellettuale che rende possibile la formazione integrale; il personale amministrativo, i professionisti e gli specialisti, con l'apporto della loro testimonianza di fede e di vita, e della loro competenza; infine, gli stessi seminaristi come protagonisti del processo di maturazione integrale, insieme alla famiglia, alla parrocchia d'origine, ed eventualmente ad associazioni, movimenti o altre istituzioni ecclesiali.

a) *Il Vescovo diocesano*

128. Primo responsabile dell'ammissione in Seminario e della formazione al sacerdozio è il Vescovo.[4] Tale

[4] Cfr. *ibid.*, n. 65: *AAS* 84 (1992), 770-772; cfr. anche *Direttive sulla preparazione degli educatori nei Seminari*, n. 1: *Enchiridion Vatica-*

responsabilità si esprime nella scelta del Rettore e dei membri della comunità dei formatori,[5] nell'elaborazione e nell'approvazione degli statuti, del progetto educativo e del regolamento del Seminario.[6]

È necessario che il Vescovo sappia instaurare un dialogo fiducioso con i seminaristi per facilitare una loro sincera apertura; infatti, «*il Vescovo diocesano o, se si tratta di un seminario interdiocesano, i Vescovi interessati visitino di persona frequentemente il seminario, vigilino sulla formazione dei propri alunni e sull'insegnamento filosofico e teologico che vi viene impartito, si informino inoltre sulla vocazione, l'indole, la pietà e il progresso degli alunni, in vista soprattutto del conferimento degli ordini sacri*».[7] Il Vescovo deve prestare diligente attenzione a non esercitare la propria autorità in modo da esautorare di fatto il Rettore e gli altri formatori nel discernimento della vocazione dei candidati e della loro opportuna preparazione; piuttosto, «*con i responsabili del Seminario, il Vescovo mantenga frequenti contatti personali, in segno di fiducia, per animarli nel loro operato e far sì che tra loro regni uno spirito di piena armonia, di*

num 13 (1996), 3151-3152; *Apostolorum successores*, n. 88: *Enchiridion Vaticanum* 22 (2006), 1774-1776.

[5] Cfr. C.I.C., can. 239.

[6] Cfr. *ibid.*, cann. 242-243.

[7] *Ibid.*, can. 259, § 2.

comunione e di collaborazione».[8] È da tenere presente per il bene della Chiesa che la carità pastorale, a ogni livello di responsabilità, non si esercita ammettendo qualsiasi persona al Seminario, ma nell'offrire un ponderato orientamento vocazionale e un valido processo formativo.

Nel caso dei Seminari interdiocesani, o in quello dell'affidamento dei seminaristi di una diocesi al Seminario di un'altra Chiesa particolare,[9] il dialogo tra i Vescovi interessati, il mutuo accordo sulla metodologia formativa da adottare e la fiducia accordata ai responsabili del Seminario, rappresentano i presupposti necessari per una buona riuscita dell'attività educativa.

Le celebrazioni liturgiche presiedute dal Vescovo in cattedrale manifestano il mistero della Chiesa e rendono visibile l'unità del popolo di Dio;[10] tenendo conto degli impegni formativi in Seminario, sarà conveniente che i seminaristi vi partecipino nei momenti più significativi dell'anno liturgico e della vita diocesana.

[8] *Apostolorum successores*, n. 89: *Enchiridion Vaticanum* 22 (2006), 1780.

[9] Cfr. C.I.C., can. 237.

[10] Cfr. CONGREGAZIONE PER IL CULTO DIVINO, *Caerimoniale Episcoporum*, edizione tipica, 1984, nn. 11-13, pubblicato con il decreto *Recognitis ex decreto*, del 14 settembre 1984: *AAS* 76 (1984), 1086-1087.

b) *Il presbiterio*

129. Il Clero della Chiesa particolare sia in comunione e in sintonia profonda con il Vescovo diocesano, condividendone la sollecitudine per la formazione dei candidati, attraverso la preghiera, l'affetto sincero, il sostegno e le visite al Seminario. Ogni presbitero deve essere consapevole della propria responsabilità formativa nei riguardi dei seminaristi; in modo particolare, i parroci e, in generale, ogni sacerdote che accoglie i seminaristi per il tirocinio pastorale, collaborino generosamente con la comunità dei formatori del Seminario, attraverso un dialogo franco e concreto. Le modalità pratiche, con cui si attua la collaborazione dei presbiteri con il Seminario potranno variare a seconda delle diverse tappe del processo formativo.

c) *I seminaristi*

130. Ogni seminarista, come già ricordato, è il protagonista della propria formazione ed è chiamato a un cammino di costante crescita nell'ambito umano, spirituale, intellettuale e pastorale, tenendo conto della propria storia personale e familiare. I seminaristi sono altresì responsabili della creazione e del mantenimento di un clima formativo, che sia coerente con i valori evangelici.

131. I seminaristi sono tenuti, come singoli e come gruppo, a mostrare – non soltanto nel comportamento

esteriore – d'aver interiorizzato uno stile di vita autenticamente sacerdotale, nell'umiltà e nel servizio ai fratelli, segno della scelta maturata di porsi alla speciale sequela di Cristo.[11]

d) *La comunità dei formatori*

132. La comunità dei formatori è costituita da presbiteri scelti e ben preparati,[12] incaricati di collaborare alla delicata missione della formazione sacerdotale. È necessario che vi siano formatori destinati esclusivamente a questo compito, affinché possano dedicarsi interamente a esso; pertanto, occorre che abitino nel Seminario. La comunità dei formatori si incontra con regolarità insieme al Rettore per pregare, progettare la vita del Seminario e verificare periodicamente la crescita del seminarista.

Il gruppo dei formatori non costituisce solamente una necessità istituzionale, ma è, innanzitutto, una vera e propria comunità educante, che offre una testimonianza coerente ed eloquente dei valori propri del ministero sacerdotale. Edificati e incoraggiati da una tale testimonian-

[11] Cfr. Benedetto XVI, *Omelia per l'ordinazione presbiterale di 15 diaconi della Diocesi di Roma* (7 maggio 2006): *Insegnamenti* II/1 (2006), 550-555.

[12] Cfr. *Direttive sulla preparazione degli educatori nei Seminari*, n. 1: *Enchiridion Vaticanum* 13 (1996), 3151-3152.

za, i seminaristi accoglieranno con docilità e convinzione le proposte formative loro rivolte.

133. Secondo il Codice di Diritto Canonico,[13] la comunità minima dei formatori, per la conduzione di ogni Seminario, è costituita da un Rettore e da un Direttore Spirituale. Tuttavia, l'entità numerica del gruppo dei formatori deve necessariamente essere adeguata e proporzionata al numero di seminaristi, comprendendo anche più di un Direttore spirituale, un Vice Rettore, un Economo e altri formatori, come coordinatori per le diverse dimensioni, quando le circostanze lo richiedano.

134. Il Rettore[14] è un presbitero che si distingue per prudenza, saggezza ed equilibrio, altamente competente,[15] che coordina l'azione educativa nel governo del Seminario.[16] Con fraterna carità, egli stabilirà con gli altri educatori una profonda e leale collaborazione; è rappresentante legale del Seminario, sia in sede ecclesiastica, che civile.[17] Il Rettore, in comunione con il formatore preposto a ogni tappa e col Direttore Spirituale, si adopera per offrire i mezzi necessari per il discernimento e la maturazione vocazionale.

[13] Cfr. C.I.C., can. 239.

[14] Cfr. *Direttive sulla preparazione degli educatori nei Seminari*, n. 43: *Enchiridion Vaticanum* 13 (1996), 3224-3226.

[15] Cfr. *ibid.*, n. 60: *Enchiridion Vaticanum* 13 (1996), 3252-3253.

[16] Cfr. C.I.C., can. 260.

[17] Cfr. *ibid.*, can. 238, § 2.

135. Il Vice Rettore deve possedere la necessaria idoneità in campo formativo ed è chiamato a coadiuvare, con la dovuta discrezione, il Rettore nel suo servizio educativo e, in caso di assenza, lo sostituisce; in generale, il Vice Rettore «*deve dimostrare spiccate doti pedagogiche, amore gioioso del suo servizio e spirito di collaborazione*».[18]

136. Il Vescovo avrà cura di scegliere competenti e sperimentati presbiteri per la direzione spirituale, che è uno dei mezzi privilegiati per accompagnare ogni seminarista nel discernimento della vocazione. Il Direttore, o Padre spirituale, dev'essere un vero maestro di vita interiore e di preghiera, che aiuta il seminarista ad accogliere la chiamata divina e a maturare una risposta libera e generosa.

Su di lui «*incombe la responsabilità per il cammino spirituale dei seminaristi in foro interno e per la conduzione e il coordinamento dei vari esercizi di pietà e della vita liturgica del seminario*».[19] Nei Seminari dove ci sia più di un Direttore spirituale, uno di essi sarà il «coordinatore della dimensione spirituale». Egli modera la vita liturgica; coordina l'attività degli altri Direttori spirituali e degli eventuali confessori esterni;[20] predispone il programma degli esercizi spirituali annuali e dei ritiri mensili, così come le celebrazioni dell'anno litur-

[18] *Direttive sulla preparazione degli educatori nei Seminari*, n. 45: *Enchiridion Vaticanum* 13 (1996), 3228.

[19] *Ibid.*, n. 44: *Enchiridion Vaticanum* 13 (1996), 3227.

[20] Cfr. C.I.C., can. 240, § 1.

gico, e, insieme al Rettore, favorisce la formazione permanente dei Direttori spirituali.

137. Dove le circostanze lo richiedano, uno dei formatori sarà incaricato di essere il "coordinatore della dimensione umana". Egli opera in modo che si instauri un clima comunitario propizio per il processo di maturazione umana dei seminaristi, in collaborazione con altre figure competenti (in ambito psicologico, sportivo, medico, etc.).

Quando l'organizzazione dei corsi di studio è gestita dal Seminario, uno dei formatori sarà "coordinatore della dimensione intellettuale". Egli è chiamato a progettare il piano degli studi approvato dalla competente autorità ecclesiastica e ad accompagnare e sostenere gli insegnanti, con una particolare attenzione alla loro preparazione accademica, alla loro fedeltà al Magistero e al loro periodico aggiornamento. Egli coordina, inoltre, la segreteria degli studi ed è responsabile della biblioteca.

Qualora i seminaristi frequentassero corsi accademici presso un'Università o una Facoltà, il "coordinatore della dimensione intellettuale" è chiamato a interessarsi e a seguirli, verificando l'integrazione intellettuale delle materie studiate e predisponendo un piano formativo complementare, riguardante gli aspetti non trattati nell'Università o nella Facoltà.

Tra i formatori, il "coordinatore della dimensione pastorale" si occupa della formazione pastorale, teorica e pratica. Egli individua i luoghi idonei per il tirocinio pastorale, organizza le esperienze di apostolato, in dialogo con sacerdoti, religiosi e/o fedeli laici.

138. L'Economo,[21] nel disbrigo degli aspetti amministrativi, ricopre un vero ruolo educativo all'interno della comunità del Seminario. Egli sia consapevole dell'incidenza che gli ambienti di vita possono avere sul seminarista in formazione e del valore rappresentato da un utilizzo onesto ed evangelico dei beni materiali, in vista dell'educazione dei seminaristi allo spirito di povertà sacerdotale.

139. La comunità dei formatori opera all'interno della più ampia "comunità educativa" e tiene conto di essa nel compimento della sua missione. Per "comunità educativa" s'intende l'insieme degli agenti coinvolti nella formazione presbiterale: il Vescovo, i formatori, i professori, il personale amministrativo, i lavoratori, le famiglie, le parrocchie, i consacrati, il personale specializzato, oltre, naturalmente, ai seminaristi stessi, in quanto non vi sarà un buon apporto formativo senza la loro piena cooperazione.[22] Tutti costoro devono essere consapevoli della funzione educativa che ricoprono e dell'importanza della loro coerenza di vita.

[21] Cfr. *Direttive sulla preparazione degli educatori nei Seminari*, n. 45: *Enchiridion Vaticanum* 13 (1996), 3228.

[22] Cfr. C.I.C., can. 233, § 1.

e) *I professori*

140. I professori dei Seminari siano nominati dal Vescovo o, nel caso di Seminari interdiocesani, dai Vescovi interessati, dopo aver consultato, se ritenuto conveniente, il Rettore e il collegio dei professori. Tale incarico, in ragione della responsabilità formativa che comporta,[23] richiede un vero e proprio mandato. I docenti e i seminaristi sono chiamati ad aderire con piena fedeltà alla Parola di Dio, consegnata nella Scrittura, trasmessa nella Tradizione e autenticamente interpretata dal Magistero. Essi attingono il senso vivo della Tradizione dalle opere dei Santi Padri e degli altri Dottori che nella Chiesa sono tenuti in gran conto.

141. La formazione intellettuale dei candidati è posta sotto la responsabilità del Rettore e della comunità dei formatori. Con l'eventuale presenza del "coordinatore della dimensione intellettuale", i formatori assicureranno collaborazione e incontri regolari con i professori e con altri esperti per trattare questioni relative all'insegnamento, al fine di favorire più efficacemente la formazione integrale dei seminaristi. I professori si occupino dell'andamento degli studi di ogni seminarista. L'impegno dei seminaristi nel lavoro intellettuale personale, in tutte le materie, deve essere considerato un criterio di discernimento vocazio-

[23] Cfr. *Pastores dabo vobis*, n. 67: *AAS* 84 (1992), 774-775.

nale e una condizione per la crescita progressiva nella fedeltà all'impegno ministeriale futuro.

142. Nell'adempimento del proprio compito i professori si considerino parte di un'unica comunità docente,[24] nonché veri educatori;[25] cerchino di guidare i seminaristi verso quell'unità del sapere che trova il proprio compimento in Cristo, Via, Verità e Vita.[26]

La sintesi del sapere, richiesta al seminarista, abbracci tutti gli altri ambiti che riguardano la vita sacerdotale, oltre a quello scientifico. I professori, condividendo e facendosi carico del progetto formativo del Seminario, per quanto loro compete, stimolino e aiutino i seminaristi a progredire tanto nell'ambito della conoscenza e della ricerca scientifica, quanto in quello della vita spirituale.

143. Il numero dei professori deve essere proporzionato e sufficiente alle esigenze didattiche e al numero dei seminaristi. È preferibile che la maggioranza del corpo docente sia costituita da presbiteri, che potranno assicurare un approccio anche pastorale alla loro materia, attingendo direttamente alla esperienza personale. Tale indicazione trova la sua motivazione nel fatto che gli insegnanti non

[24] Cfr. *ibid.*, n. 67: *AAS* 84 (1992), 774-775.

[25] Cfr. *Direttive sulla preparazione degli educatori nei Seminari*, n. 46: *Enchiridion Vaticanum* 13 (1996), 3229-3232.

[26] Cfr. *ibid.*

trasmettono solo nozioni, ma contribuiscono a "generare" e formare nuovi sacerdoti.[27]

In alcune situazioni potrà rendersi conveniente il contributo educativo di membri di Istituti di vita consacrata, di Società di Vita Apostolica o di laici. Pur nella diversità della vocazione, ciascun docente presenti ai seminaristi una conoscenza del proprio carisma, assicuri il senso della propria appartenenza alla Chiesa e offra una coerente testimonianza di vita evangelica.

144. I professori devono aver conseguito il titolo accademico pertinente:[28] per le scienze sacre e la filosofia, si richiede almeno una licenza, o il titolo equipollente; per le altre discipline, i gradi accademici corrispondenti. Dotati di esperienza e capacità in ambito pedagogico, i docenti sono chiamati a possedere una conoscenza conveniente delle discipline affini a quella da loro trattata.[29]

f) *Gli specialisti*

145. Vari specialisti possono essere chiamati a offrire il loro contributo, ad esempio in ambito medico, peda-

[27] Cfr. *Optatam totius*, n. 5: *AAS* 58 (1966), 716-717; *Direttive sulla preparazione degli educatori nei Seminari*, n. 27: *Enchiridion Vaticanum* 13 (1996), 3196-3197.

[28] Cfr. C.I.C., can. 253, § 1.

[29] Cfr. *Direttive sulla preparazione degli educatori nei Seminari*, n. 62: *Enchiridion Vaticanum* 13 (1996), 3256.

gogico, artistico, ecologico, amministrativo e nell'uso dei mezzi di comunicazione.

146. Nell'*iter* formativo al presbiterato, la presenza e l'apporto di specialisti in determinate discipline si rivela utile per le loro qualità professionali e per il supporto che possono offrire, qualora particolari situazioni lo richiedano. Nella selezione degli specialisti, oltre alle loro qualità umane e alla loro competenza specifica, si deve tener conto del loro profilo di credenti.[30] I seminaristi ne devono avvertire e considerare la presenza non come una imposizione, ma come l'offerta di un aiuto prezioso e qualificato per eventuali loro esigenze. Ogni specialista deve limitarsi a intervenire nel campo che gli è proprio, senza pronunciarsi in merito all'idoneità dei seminaristi al sacerdozio.

147. Nell'ambito psicologico tale contributo è prezioso sia per i formatori che per i seminaristi, principalmente in due momenti: nella valutazione della personalità, esprimendo un parere sulla salute psichica del candidato, e nell'accompagnamento terapeutico, per far luce su eventuali problematiche e aiutare nella crescita della maturità umana.[31] Alcune norme da tenere in conto nell'uso di questa scienza saranno presentate nel capitolo VIII.

[30] Cfr. *ibid.*, n. 64: *Enchiridion Vaticanum* 13 (1996), 3258.

[31] Cfr. *Orientamenti per l'utilizzo delle competenze psicologiche nell'ammissione e nella formazione dei candidati al sacerdozio: Enchiridion Vaticanum* 25 (2011), 1239-1289.

g) *La famiglia, la parrocchia o altre realtà ecclesiali*

148. Solitamente la vocazione sorge all'interno di un contesto comunitario, nel quale il seminarista ha vissuto una significativa esperienza di fede. Per questa ragione, la formazione sacerdotale iniziale deve tenere in considerazione tale interlocutore. Sia la famiglia che la parrocchia, d'origine o di riferimento, talvolta non meno di altre realtà comunitarie ecclesiali,[32] contribuiscono a sostenere e alimentare in modo significativo la vocazione dei chiamati al sacerdozio, tanto durante il periodo della formazione, quanto nel corso della vita stessa del presbitero.[33]

Infatti, «*i vincoli familiari sono fondamentali per fortificare la sana autostima dei seminaristi. Perciò è importante che le famiglie accompagnino tutto il processo del seminario e del sacerdozio, poiché aiutano a fortificarlo in modo realistico*».[34]

Allo stesso tempo, il percorso formativo deve educare, sin dall'inizio, a quella libertà interiore che permetta la giusta autonomia nell'esercizio del ministero e un sano distacco da eventuali aspettative da parte della famiglia, dal momento che la chiamata del Maestro richiede di «met-

[32] Cfr. CONGREGAZIONE PER LA DOTTRINA DELLA FEDE, *Lettera «Iuvenescit Ecclesia» ai Vescovi della Chiesa cattolica sulla relazione tra doni gerarchici e carismatici per la vita e la missione della Chiesa* (15 maggio 2016): *L'Osservatore Romano* 135 (15 giugno 2016), 1, 4-5; *ibid.* 136 (16 giugno 2016), 7.

[33] Cfr. *Pastores dabo vobis*, n. 68: *AAS* 84 (1992), 775-778.

[34] *Amoris laetitia*, n. 203.

tere mano all'aratro, senza poi volgersi indietro» (cfr. *Lc* 9, 62).

149. Il Seminario è chiamato non solo a svolgere un'opera educativa con i seminaristi, ma anche a intraprendere una vera azione pastorale nei confronti delle famiglie. È necessario che, con realismo e maturità umana e cristiana, i seminaristi sappiano riconoscere e accettare la propria realtà familiare, nonché affrontare eventuali problemi, e, ove possibile, anche condividere con essa il proprio progetto vocazionale. Il lavoro pastorale del Seminario nei confronti della famiglia dei seminaristi contribuisce sia alla maturazione cristiana della stessa, che all'accettazione della chiamata al sacerdozio di uno dei suoi membri come una benedizione, valorizzandola e sostenendola per tutta la vita.

h) *Vita consacrata e laici nella formazione*

150. La presenza in Seminario di laici e di persone appartenenti all'ambito della vita consacrata rappresenta un importante punto di riferimento nell'*iter* formativo dei candidati. I seminaristi siano formati a un giusto apprezzamento dei diversi carismi presenti nella comunità diocesana; il presbitero, infatti, è chiamato a essere l'animatore della diversità dei carismi all'interno della Chiesa. La vita consacrata rappresenta un segno, eloquente e attraente, di radicalità evangelica e di disponibilità al servizio. A loro volta, i fedeli laici cooperano alla missione evangelizzatrice di Cristo e offrono edificanti

testimonianze di coerenza e di scelte di vita secondo il Vangelo.[35]

151. La presenza della donna nel percorso formativo del Seminario, o tra gli specialisti o nell'ambito dell'insegnamento, dell'apostolato, delle famiglie o del servizio alla comunità, ha una propria valenza formativa, anche in ordine al riconoscimento della complementarietà tra uomo e donna. Le donne rappresentano spesso una presenza numericamente maggioritaria tra i destinatari e i collaboratori dell'azione pastorale del sacerdote, offrendo un'edificante testimonianza di umile, generoso e disinteressato servizio.[36]

i) *Formazione permanente di tutti gli agenti*

152. L'impegno degli agenti della formazione può essere definito come quella disposizione interiore, radicata in un'intensa esperienza spirituale e orientata da un costante discernimento, che permette di imparare dalla

[35] *Ibid.*, n. 162: «*Coloro che sono chiamati alla verginità possono trovare in alcune coppie di coniugi un segno chiaro della generosa e indistruttibile fedeltà di Dio alla sua Alleanza, che può stimolare i loro cuori a una disponibilità più concreta e oblativa*».

[36] Cfr. *Pastores dabo vobis*, n. 66: *AAS* 84 (1992), 772-774; Giovanni Paolo II, Esortazione apostolica post-sinodale *Christifideles laici* (30 dicembre 1988), nn. 49 e 51: *AAS* 81 (1989), 487-489 e 491-496.

vita e dalle diverse circostanze, e di scoprire in esse l'azione provvidenziale di Dio nel proprio percorso cristiano o sacerdotale. Dalla profondità di questa disposizione si misura la qualità del servizio offerto ai seminaristi e, al contempo, da essa dipende un sereno clima formativo nel Seminario.

Mentre svolge tale missione, il formatore vive un'opportunità di crescita e può scoprire il carisma specifico dell'accompagnamento vocazionale e della vita sacerdotale, come chiamata che lo caratterizza in maniera personale. In tal senso, il Seminario può diventare una scuola che prepara gli incaricati alla formazione permanente; chi è stato formatore in Seminario, cioè, acquisisce una particolare sensibilità e una ricca esperienza per poter, in seguito, accompagnare la formazione permanente del Clero.[37]

[37] Cfr. *Pastores dabo vobis*, nn. 70-81: *AAS* 84 (1992), 778-800.

VII
ORGANIZZAZIONE DEGLI STUDI

153. «*La formazione intellettuale dei candidati al sacerdozio trova la sua specifica giustificazione nella natura stessa del ministero ordinato e manifesta la sua urgenza attuale di fronte alla sfida della "nuova evangelizzazione" alla quale il Signore chiama la Chiesa*».[1] Per garantire ai futuri sacerdoti una adeguata formazione intellettuale, tutte le discipline siano insegnate in modo tale da fare chiaramente risaltare la loro intima connessione, evitando la frammentazione. Si tratta di un percorso unitario, integrale,[2] del quale tutte le materie sono "tasselli" importanti per presentare il mistero di Cristo e della Chiesa, e per maturare una visione autenticamente cristiana dell'uomo e del mondo.

«*La situazione attuale poi, pesantemente segnata dall'indifferenza religiosa e insieme da una sfiducia diffusa nei riguardi della reale capacità della ragione di raggiungere la verità oggettiva e universale, e da problemi e interrogativi inediti provocati dalle scoperte scientifiche e tecnologiche, esige con forza un livello eccellente di formazione intellettuale, tale cioè da rendere i sacerdoti capaci di annunciare, proprio in un simile contesto, l'immutabile Vangelo di Cristo*

[1] *Ibid.*, n. 51: *AAS* 84 (1992), 748.
[2] Cfr. C.I.C., can. 254, § 1.

e di renderlo credibile di fronte alle legittime esigenze della ragione umana. Si aggiunga, inoltre, che l'attuale fenomeno del pluralismo quanto mai accentuato, nell'ambito non solo della società umana ma anche della stessa comunità ecclesiale, chiede una particolare attitudine al discernimento critico: è un ulteriore motivo che dimostra la necessità di una formazione intellettuale quanto mai seria».[3]

154. Nel seguito vengono proposte le diverse discipline che configurano il piano generale degli studi. Nella *Ratio Nationalis* dovrà comparire il prospetto delle materie che riguardano la formazione intellettuale in ogni tappa formativa, indicando brevemente gli obiettivi di ciascuna disciplina, la sua contestualizzazione nell'intero percorso, il programma, nonché il prospetto degli anni e dei semestri, comprensivo del numero di crediti attribuiti a ogni corso.

Si tenga conto che lo studio delle materie propedeutiche dovrà occupare almeno un anno; la durata degli studi di filosofia deve corrispondere ad almeno un biennio oppure a un congruo numero di ore semestrali, secondo i sistemi scolastici vigenti in alcuni Paesi, mentre quelli di teologia si protrarranno per almeno un quadriennio (ovvero un proporzionato numero di ore semestrali), in modo tale che complessivamente gli studi teologici e filosofici abbraccino almeno un sessennio[4] (oppure, secondo altri

[3] *Pastores dabo vobis*, n. 51: *AAS* 84 (1992), 749.
[4] Cfr. C.I.C., can. 250.

ordinamenti degli studi, quella quantità di materie scolastiche che vengono trattate comunemente nel sessennio).

Le materie che saranno di seguito indicate per gli studi propedeutici, per quelli filosofici e per quelli teologici, unitamente a quelle "ministeriali", costituiscono la struttura essenziale degli studi, nei Seminari e in tutte le Case di formazione, e potranno essere integrate e adattate dalle Conferenze episcopali, tenendo conto della loro tradizione formativa e delle specifiche necessità pastorali.

a) *Studio delle materie propedeutiche*

155. Benché si tratti di una tappa previa e preparatoria allo studio filosofico e teologico, la propedeutica mette l'accento non solo sull'aspetto intellettuale, «*ma anche e soprattutto umano e spirituale*»;[5] «*in particolare, è urgente assicurare un giusto equilibrio tra la componente umano-spirituale e quella culturale, per evitare un eccessivo moltiplicarsi delle materie di studio, a scapito della formazione propriamente religiosa e sacerdotale*».[6]

156. Circa le materie da affrontare nel periodo propedeutico, occorre tener presente la situazione della società e della Chiesa particolare dove si sviluppa il progetto educativo. Dovrà essere assicurata la solidità degli elementi essenziali della formazione intellettuale, che contribuiranno al successivo percorso formativo.

[5] *Il periodo propedeutico*, III, n. 1.

[6] *Ibid.*, III, n. 6.

Si abbia cura di assicurare «*una conoscenza abbastanza ampia della dottrina della fede*»[7] e degli elementi di comprensione del ministero presbiterale, nonché di rimediare alle eventuali lacune che si riscontrassero nei candidati al sacerdozio al termine degli studi secondari circa ambiti per loro necessari.

157. Di seguito si elencano, in modo esemplificativo, alcune materie che possono caratterizzare gli studi propedeutici:

a. iniziazione alla lettura della Sacra Scrittura, che permetta una prima conoscenza della Bibbia in tutte le sue parti;

b. introduzione al mistero di Cristo[8] e della Chiesa, alla teologia del sacerdozio e alla liturgia, mediante lo studio del *Catechismo della Chiesa Cattolica* e dei libri liturgici;

c. introduzione ai documenti del Concilio Vaticano II e al Magistero della Chiesa, innanzitutto a quello Pontificio;

[7] *Pastores dabo vobis*, n. 62: *AAS* 84 (1992), 767.

[8] Cfr. *Il periodo propedeutico*, III, n. 2. In generale, l'introduzione al mistero di Cristo tende a far comprendere ai seminaristi il significato degli studi ecclesiastici, la loro struttura e il loro fine pastorale; nel contempo, insieme alla lettura attenta della Parola di Dio, tende anche ad aiutare i seminaristi perché possano dare solido fondamento alla loro fede, capire più profondamente ad abbracciare con maggiore maturità la vocazione sacerdotale.

d. elementi di spiritualità presbiterale, con particolare attenzione alle principali "scuole" spirituali e ai Santi che hanno offerto la testimonianza di una vita sacerdotale esemplare;

e. elementi di storia della Chiesa universale e della Chiesa locale, specialmente negli aspetti missionari;

f. agiografia, in riferimento ai Santi e ai Beati propri della diocesi o della regione;

g. elementi di cultura umanistica, tramite la conoscenza di opere di autori nazionali, e delle religioni non-cristiane del Paese e della regione;

h. elementi di psicologia, che possano aiutare i seminaristi nella conoscenza di sé.

b) *Studi filosofici*

158. Lo studio della filosofia «*conduce ad una più profonda comprensione e interpretazione della persona, della sua libertà, delle sue relazioni con il mondo e con Dio. Essa si rivela di grande urgenza, non solo per il legame che esiste tra gli argomenti filosofici e i misteri della salvezza studiati in teologia alla luce superiore della fede ma anche di fronte ad una situazione culturale quanto mai diffusa che esalta il soggettivismo come criterio e misura della verità [...]. Né è da sottovalutare l'importanza della filosofia per garantire quella "certezza di verità" che, sola, può stare alla base della donazione personale totale a Gesù e alla Chiesa*».[9]

[9] *Pastores dabo vobis*, n. 52: *AAS* 84 (1992), 750.

159. Quanto alle materie da studiare in ambito filosofico, particolare importanza sia attribuita alla filosofia sistematica, che conduce a una solida e coerente conoscenza dell'uomo, del mondo e di Dio, garantendo una sintesi ampia di pensiero e prospettive. Questa formazione deve basarsi sul patrimonio filosofico perennemente valido, di cui sono testimoni i grandi filosofi cristiani.

Si deve tener conto delle ricerche filosofiche del nostro tempo – soprattutto di quelle che esercitano un maggiore influsso nel proprio Paese –, nonché del progresso delle scienze moderne, di modo che i seminaristi, giustamente coscienti dei tratti salienti della società, siano adeguatamente preparati al dialogo con gli uomini. Per agevolare lo studio delle materie filosofiche, i seminaristi dovranno essere preparati con l'apprendimento di una specifica "metodologia filosofica".

160. In questo momento della formazione, adeguato spazio sarà riservato alla metafisica, in quanto «*il carattere sapienziale della filosofia implica la sua "portata autenticamente metafisica, capace cioè di trascendere i dati empirici per giungere, nella sua ricerca della verità, a qualcosa di assoluto, di ultimo, di fondante", sebbene conosciuto progressivamente lungo la storia*»,[10]

[10] Congregazione per l'Educazione Cattolica, *Decreto di riforma degli studi ecclesiastici di filosofia* (28 gennaio 2011), n. 4: *AAS* 104 (2012), 219; cfr. anche Sacra Congregazione per l'Educazione Cattolica, Lettera circolare *L'insegnamento della filosofia nei seminari* (20 gennaio 1972): *Enchiridion Vaticanum* 4 (1971-1973), nn. 1516-1556.

secondo «*la "vocazione originaria" della filosofia: la ricerca del vero e la sua dimensione sapienziale e metafisica*».[11] Sarà anche necessario dedicare attenzione alla teodicea e alla cosmologia, che introducono a una visione cristiana della realtà.

161. Con diligenza deve essere insegnata la "storia della filosofia", affinché risultino chiari la genesi e lo sviluppo dei più importanti temi. La "storia della filosofia" ha il fine di far cogliere la continuità della riflessione e del pensiero umano sull'Assoluto, sulla verità e sulla possibilità di conoscerla. Gli studi filosofici costituiscono anche un fertile terreno di dialogo e di confronto con i non credenti.

162. Altre materie alle quali occorrerà dedicare attenzione nel corso di questa fase degli studi sono l'antropologia filosofica, la logica, l'estetica, l'epistemologia, l'etica, la filosofia politica e la filosofia della religione.

163. Debita attenzione sarà prestata alle scienze umane, quali la sociologia, la pedagogia e la psicologia, negli aspetti ritenuti più confacenti al percorso formativo in vista del ministero sacerdotale, al fine di accrescere nei seminaristi la capacità di conoscere l'animo umano, con le sue ricchezze e fragilità, onde agevolare la formulazione di giudizi sereni ed equilibrati su persone e situazioni.

164. Attraverso questo percorso di studi, sarà possibile stimolare nei seminaristi «*il desiderio di cercare rigorosamente*

[11] *Decreto di riforma degli studi ecclesiastici di filosofia*, n. 3: *AAS* 104 (2012), 219.

la verità, di penetrarla e di dimostrarla, insieme all'onesto riconoscimento dei limiti della conoscenza umana», anche in un'ottica pastorale, prestando «*molta attenzione ai rapporti tra la filosofia e i veri problemi della vita*».[12]

c) *Studi teologici*

165. La formazione teologica «*deve condurre il candidato al sacerdozio a possedere una visione delle verità rivelate da Dio in Gesù Cristo e dell'esperienza di fede della Chiesa che sia completa e unitaria: di qui la duplice esigenza di conoscere "tutte" le verità cristiane, senza operare delle scelte arbitrarie, e di conoscerle in modo organico*».[13] Si tratta quindi di una fase qualificante e fondamentale del percorso di formazione intellettuale, perché «*attraverso lo studio, soprattutto della teologia, il futuro sacerdote aderisce alla Parola di Dio, cresce nella sua vita spirituale e si dispone a compiere il suo ministero pastorale*».[14]

166. Lo studio della Sacra Scrittura è l'anima della teologia;[15] essa deve ispirare tutte le discipline teologiche. Sia attribuita pertanto la debita importanza alla formazione biblica, a tutti i livelli, dalla *Lectio divina* all'esegesi.[16] Pre-

[12] *Optatam totius*, n. 15: *AAS* 58 (1966), 722.

[13] *Pastores dabo vobis*, n. 54: *AAS* 84 (1992), 753.

[14] *Ibid.*, n. 51: *AAS* 84 (1992), 749.

[15] Cfr. *Dei Verbum*, n. 24: *AAS* 58 (1966), 828-829.

[16] Benedetto XVI, Esortazione apostolica post-sinodale *Verbum Domini*, n. 35: *AAS* 102 (2010), 714-715: «Si è creato un profondo fossato tra esegesi scientifica e lectio divina. Proprio di

messa una conveniente introduzione, i seminaristi siano accuratamente iniziati ai metodi esegetici, anche con l'aiuto di discipline ausiliarie e corsi speciali. Siano idoneamente edotti dai professori circa la natura e la soluzione dei principali problemi ermeneutici e vengano efficacemente aiutati ad acquisire uno sguardo d'insieme su tutta la Sacra Scrittura e a capire con profondità i punti salienti della storia della salvezza e le caratteristiche dei singoli libri biblici. I professori si sforzino di offrire ai seminaristi una sintesi teologica della divina Rivelazione, conforme al Magistero, per assicurare solidi fondamenti alla loro vita spirituale e alla loro futura predicazione.

Ai seminaristi sia data l'opportunità di imparare alcune nozioni delle lingue ebraica e greco-biblica, per mezzo delle quali possano accostarsi ai testi biblici originali; speciale attenzione sia prestata anche alla conoscenza della cultura e del contesto biblico, in particolare alla storia

qui scaturisce a volte una forma di perplessità anche nella preparazione delle omelie. Si deve inoltre segnalare che tale dualismo produce a volte incertezza e poca solidità nel cammino formativo intellettuale anche di alcuni candidati ai ministeri ecclesiali. In definitiva, "dove l'esegesi non è teologia, la Scrittura non può essere l'anima della teologia e, viceversa, dove la teologia non è essenzialmente interpretazione della Scrittura nella Chiesa, questa teologia non ha più fondamento". Pertanto è necessario tornare risolutamente a considerare con più attenzione le indicazioni date dalla Costituzione dogmatica Dei Verbum a questo proposito».

ebraica, al fine di migliorare la comprensione della Sacra Scrittura e di raggiungere un corretto rapporto interiore con i fratelli della Antica Alleanza.

167. La sacra liturgia deve essere considerata una disciplina fondamentale; essa sia presentata sotto l'aspetto teologico, spirituale, canonico e pastorale in connessione con le altre discipline, affinché i seminaristi conoscano come i misteri della salvezza siano presenti e operino nelle azioni liturgiche. Inoltre, illustrati i testi e i riti sia dell'Oriente sia dell'Occidente, la sacra liturgia dovrà essere considerata come espressione della fede e della vita spirituale della Chiesa. I seminaristi apprendano il nucleo sostanziale e immutabile della liturgia e quanto invece appartiene a particolari sedimentazioni storiche ed è perciò suscettibile di aggiornamento, osservando comunque diligentemente la legislazione liturgica e canonica in materia.[17]

168. La teologia dogmatica, ivi compresi i sacramenti, sia insegnata sistematicamente e ordinatamente, in modo che prima di tutto siano esposti i testi biblici; si facciano poi conoscere, ai fini della trasmissione e dello sviluppo della comprensione delle verità rivelate, gli apporti dei Padri della Chiesa di Oriente e di Occidente; si illustri il progresso storico dei dogmi; infine, mediante l'indagine speculativa, i seminaristi imparino a penetrare più pienamente i misteri della salvezza e a cogliere le connessioni

[17] Cfr. C.I.C., can. 838.

che sussistono tra loro; apprendano inoltre come interpretare e affrontare le situazioni della vita alla luce della Rivelazione, percepire le eterne verità nelle condizioni mutabili della realtà umana e comunicarle convenientemente al Popolo di Dio.

Fin dall'inizio della formazione teologica, nei modi idonei, sia presentata la dottrina circa le fonti teologiche e la teologia fondamentale; né si ometta, nello spirito ecumenico e nelle forme adatte alle odierne circostanze, tutto ciò che riguarda l'introduzione alla fede, con i suoi fondamenti razionali ed esistenziali, tenuti pure presenti gli elementi di ordine storico e sociologico, che esercitano particolare influsso sulla vita cristiana.

169. Anche la teologia morale, in tutte le sue branche, dovrà essere ancorata alla Sacra Scrittura, per mostrarne l'intrinseca appartenenza all'unico mistero della salvezza. Essa illustrerà l'agire cristiano dei fedeli fondato sulla fede, sulla speranza e sulla carità, come risposta alla vocazione divina, esponendo in modo sistematico la loro chiamata alla santità e alla libertà. Si occuperà pure di suscitare il valore della virtù e il senso del peccato, senza trascurare, a questo fine, le acquisizioni più recenti dell'antropologia e proponendosi come un cammino a volte esigente, ma sempre orientato alla gioia della vita cristiana.

Questa dottrina morale, intesa come "legge di libertà" e "vita secondo lo Spirito", ha il suo completamento nella *teologia spirituale*, che deve abbracciare anche lo studio della teologia e della spiritualità sacerdotale, della vita consacrata mediante la pratica dei consigli evangelici, e di quella laicale. L'etica cristiana è chiamata a formare i discepoli, ciascuno secondo i segni della propria vocazione, verso la via della santità. In tale contesto, sarà necessario prevedere nel *curriculum* degli studi un corso di *Teologia della vita consacrata*, perché i futuri pastori possano acquisire i dati essenziali e i contenuti teologici identificativi della vita consacrata, la quale appartiene alla vita e alla santità della Chiesa stessa.

170. La teologia pastorale «*è una riflessione scientifica sulla Chiesa nel suo edificarsi quotidiano, con la forza dello Spirito, dentro la storia; [...] La pastorale non è soltanto un'arte né un complesso di esortazioni, di esperienze, di metodi; possiede una sua piena dignità teologica, perché riceve dalla fede i principii e i criteri dell'azione pastorale della Chiesa nella storia, di una Chiesa che "genera" ogni giorno la Chiesa stessa. [...] Tra questi principii e criteri si dà quello particolarmente importante del discernimento evangelico della situazione socio-culturale ed ecclesiale entro cui si sviluppa l'azione pastorale*».[18]

171. In un contesto di accresciuta mobilità umana, in cui il mondo intero è divenuto un "villaggio globale", non potrà mancare nel corso di studi la missiologia, come genuina formazione alla universalità della Chiesa e promozione del suo slancio evangelizzatore, non solo come *missio ad gentes*, ma anche come *nuova evangelizzazione*.

[18] *Pastores dabo vobis*, n. 57: *AAS* 84 (1992), 758-759.

172. Sarà necessario che un sufficiente numero di lezioni sia riservato all'insegnamento della Dottrina Sociale della Chiesa, considerando che l'annuncio e la testimonianza del Vangelo, a cui il presbitero è chiamato, ha un suo importante raggio d'azione nella società umana e mira, fra le altre cose, alla costruzione del Regno di Dio. Ciò implica un'approfondita conoscenza della realtà e una lettura evangelica delle relazioni umane, sociali e politiche che determinano l'esistenza dei singoli e dei popoli. In quest'orizzonte, rientrano importanti temi inerenti alla vita del Popolo di Dio, ampiamente trattati nel Magistero della Chiesa,[19] tra cui la ricerca del bene comune, il valore della solidarietà tra i popoli e della sussidiarietà, l'educazione dei giovani, il lavoro con i diritti e i doveri a esso connessi, il significato dell'autorità politica, i valori della giustizia e della pace, le strutture sociali di sostegno e accompagnamento dei più bisognosi.

Da diverso tempo, inoltre, l'attenzione di esperti e studiosi, attivi in diversi ambiti di ricerca, si concentra su

[19] Ad esempio, cfr. Leone XIII, Lettera Enciclica *Rerum novarum* (15 maggio 1891): *AAS* 23 (1890-1891) 641-670; Giovanni XXIII, Lettera Enciclica *Mater et Magistra* (15 maggio 1961): *AAS* 53 (1961), 401-464; Paolo VI, Lettera Enciclica *Populorum progressio* (26 marzo 1967): *AAS* 59 (1967), 257-299; Giovanni Paolo II, Lettera Enciclica *Centesimus annus* (1° maggio 1991): *AAS* 83 (1991), 793-867; Benedetto XVI, Lettera Enciclica *Caritas in veritate* (29 giugno 2009): *AAS* 101 (2009), 641-709.

un emergente crisi planetaria, che trova grande eco nell'attuale Magistero e riguarda il "problema ecologico". La salvaguardia del creato e la cura della nostra casa comune – la Terra – rientrano a pieno titolo nella visione cristiana dell'uomo e della realtà, rappresentano in certo qual modo lo sfondo per una sana ecologia delle relazioni umane e, perciò, esigono, soprattutto oggi, una «*conversione ecologica, che comporta il lasciar emergere tutte le conseguenze dell'incontro con Gesù nelle relazioni con il mondo che li circonda. Vivere la vocazione di essere custodi dell'opera di Dio è parte essenziale di un'esistenza virtuosa, non costituisce qualcosa di opzionale e nemmeno un aspetto secondario dell'esperienza cristiana*».[20] Sarà perciò necessario che i futuri presbiteri siano fortemente sensibilizzati al tema e, attraverso gli orientamenti magisteriali e teologici necessari, vengano aiutati «*a riconoscere la grandezza, l'urgenza e la bellezza della sfida che ci si presenta*»,[21] e a tradurla nel proprio futuro ministero pastorale, facendosi promotori di una adeguata cura di tutti i temi connessi alla tutela del creato.

173. La storia ecclesiastica deve illustrare l'origine e lo sviluppo della Chiesa come Popolo di Dio che si diffonde nel tempo e nello spazio, esaminando scientificamente le fonti storiche. Nella sua esposizione è necessario che si

[20] FRANCESCO, Lettera Enciclica *Laudato si'* (24 maggio 2015), n. 217: *L'Osservatore Romano* 137 (19 giugno 2015), 6.

[21] *Ibid.*, n. 15: *L'Osservatore Romano* 137 (19 giugno 2015), 4.

tenga conto del progresso delle dottrine teologiche e della concreta situazione sociale, economica e politica, nonché delle opinioni e delle forme di pensiero che hanno esercitato maggiore influsso, non senza indagarne la reciproca interdipendenza e lo sviluppo. Si dovrà infine mettere in risalto il mirabile incontro dell'azione divina e di quella umana, favorendo nei seminaristi il genuino senso della Chiesa e della Tradizione. È necessario anche che sia accordata la dovuta attenzione alla storia della Chiesa nel proprio Paese.

174. Il Diritto Canonico sia insegnato a partire da una solida visione del mistero della Chiesa, alla luce del Concilio Vaticano II.[22] Nell'esporne i principi e le norme si dovrà mostrare come tutto l'ordinamento canonico e la disciplina ecclesiastica debbano essere rispondenti alla volontà salvifica di Dio, avendo come *suprema lex* la salvezza delle anime. Pertanto, riprendendo le parole usate per la promulgazione del Codice del 1983, si può affermare che il Diritto della Chiesa nel suo insieme «*potrebbe intendersi come un grande sforzo di tradurre in linguaggio canonistico [...] la ecclesiologia conciliare. Se poi è impossibile tradurre perfettamente in linguaggio "canonistico" l'immagine della Chiesa, tuttavia a questa immagine il Codice deve sempre riferirsi, come a esempio primario, i cui lineamenti esso deve esprimere in se stesso, per quanto è possi-*

[22] Cfr. *Optatam totius*, n. 16: *AAS* 58 (1966), 723-724.

bile, per sua natura».[23] Il Diritto Canonico si pone quindi al servizio dell'azione dello Spirito nella Chiesa e, dentro un retto discernimento delle situazioni ecclesiali, favorisce un esercizio pastorale efficace.

In tal senso è opportuno che durante il tempo della formazione iniziale siano promossi la cultura e lo studio del Diritto Canonico, in modo che i sacerdoti possano divenire consapevoli che, specialmente nell'ambito della pastorale famigliare, tante problematiche o "ferite" possono trovare una medicina negli strumenti offerti dal Diritto della Chiesa favorendo «*continuamente, secondo i doni e la missione di ciascuno, il bene dei fedeli*».[24]

175. Allo stesso modo, andranno considerate come ambiti significativi del percorso di studi teologici altre discipline, come l'ecumenismo e la storia delle religioni, con particolare riferimento all'Ebraismo e all'Islam, oltre a quelle più diffuse in ogni Paese, al fine di promuovere il dialogo interreligioso. Inoltre, nella consapevolezza che «*evangelizziamo anche quando cerchiamo di affrontare le diverse sfide che possano presentarsi*»,[25] si dovrà prestare molta attenzione ai destinatari dell'annuncio della fede e, perciò, alle

[23] Giovanni Paolo II, Costituzione apostolica *Sacrae disciplinae leges* (25 gennaio 1983): *AAS* 75 (1983), Pars II, p. XI.

[24] Francesco, Lettera apostolica in forma di "Motu Proprio" *Mitis Iudex Dominus Iesus* (15 agosto 2015): *L'Osservatore Romano* 204 (9 settembre 2015), 3.

[25] *Evangelii gaudium*, n. 61: *AAS* 105 (2013), 1045.

domande e alle provocazioni emergenti dalla cultura secolare: l'economia dell'esclusione, l'idolatria del denaro, l'iniquità che genera violenza, il primato dell'apparire sull'essere, l'individualismo postmoderno e globalizzato, nonché la realtà del relativismo etico e dell'indifferenza religiosa.[26]

d) *Materie "ministeriali"*

176. Queste discipline sono materie, la cui conoscenza è richiesta soprattutto dalle esigenze specifiche del futuro ministero pastorale,[27] da esercitarsi in un contesto concreto e in un'epoca precisa. Secondo i tempi e le modalità che ogni *Ratio Nationalis* stabilirà, sarà cura di ciascun Seminario assicurare che l'insegnamento di tali discipline sia impartito ai seminaristi lungo il percorso della formazione. La proposta e l'approfondimento di tali materie costituiranno un apporto utile e imprescindibile per la vita e la crescita, umana e spirituale, dei futuri sacerdoti, nonché per il loro ministero.

177. In modo particolare, sarà opportuno approfondire l'*ars celebrandi*, per insegnare come si partecipa fruttuosamente ai santi misteri e come si celebra praticamente la liturgia, nel rispetto e con fedeltà ai libri liturgici.

[26] Cfr. *ibid.*, nn. 52-75: *AAS* 105 (2013), 1041-1051.
[27] Cfr. C.I.C., can. 256 § 1.

Una speciale attenzione va dedicata all'omelia,[28] in quanto essa «*è la pietra di paragone per valutare la vicinanza e la capacità d'incontro di un Pastore con il suo popolo*».[29] Ciò si rivelerà di speciale utilità in altri ambiti del ministero, come la predicazione liturgica e la catechesi, che sono impegni permanenti per i presbiteri nell'opera di favorire la crescita delle comunità loro affidate. La preparazione dell'annuncio del messaggio cristiano non è solamente "tecnica", dal momento che «*un predicatore è un contemplativo della Parola ed anche un contemplativo del popolo. [...] Si tratta di collegare il messaggio del testo biblico con una situazione umana, con qualcosa che essi vivono, con un'esperienza che ha bisogno della luce della Parola*».[30]

178. Per ben disporre e preparare all'amministrazione del sacramento della Riconciliazione, di grande importanza si rivelerà un corso specifico di *iniziazione al ministero della confessione*, che aiuti i seminaristi a tradurre i principi della teologia morale per i casi concreti e a confrontarsi con le problematiche di questo delicato ministero in spirito di

[28] Cfr. Congregazione per il Culto divino e la Disciplina dei sacramenti, *Direttorio omiletico* (29 giugno 2014); *Evangelii gaudium*, nn. 135-144: *AAS* 105 (2013), 1076-1080; Francesco, Lettera apostolica *Misericordia et misera* (20 novembre 2016), n. 6: *L'Osservatore Romano* 268 (21-22 novembre 2016), 8-9.

[29] *Ibid.*, n. 135: *AAS* 105 (2013), 1076.

[30] *Ibid.*, n. 154: *AAS* 105 (2013), 1084-1085.

misericordia.[31] In tale ambito, in vista della cura pastorale dei fedeli, occorrerà tenere conto anche della formazione al discernimento degli spiriti e alla direzione spirituale, come parte integrante del ministero presbiterale.

179. Poiché la fede del Popolo di Dio si esprime spesso attraverso le forme della pietà popolare, che «*manifesta una sete di Dio che solo i semplici e i poveri possono conoscere*»[32] e rappresenta «*un luogo teologico a cui dobbiamo prestare attenzione, particolarmente nel momento in cui pensiamo alla nuova evangelizzazione*»,[33] essa deve essere conosciuta dai futuri presbiteri e apprezzata nei suoi valori e significati più genuini. I seminaristi impareranno a discernere, così, ciò che appartiene all'inculturazione del Vangelo e costituisce un vero tesoro della Chiesa, dall'«*attaccamento a modi imperfetti o errati di devozione, che allontanano dalla genuina rivelazione biblica*».[34] Come naturale ampliamento di questo tema, occorrerà presentare ai seminaristi l'agiografia, con riferimento alle vite dei santi di maggior rilievo.

180. Per meglio corrispondere alle esigenze del ministero presbiterale, i seminaristi dovranno ricevere una formazione accurata relativa all'amministrazione dei beni, da

[31] Cfr. ad esempio, CONGREGAZIONE PER IL CLERO, *Il sacerdote ministro della misericordia divina – Sussidio per confessori e direttori spirituali* (9 marzo 2011).

[32] *Evangelii nuntiandi*, n. 48: *AAS* 68 (1976), 37-38.

[33] *Evangelii gaudium*, n. 126: *AAS* 105 (2013), 1073.

[34] *Direttorio su pietà popolare e liturgia*, n. 1.

gestire secondo le norme canoniche, con sobrietà, distacco e trasparenza morale,[35] nonché con specifica competenza. Ciò permetterà una chiara testimonianza evangelica – a cui il popolo cristiano è particolarmente sensibile –, facilitando così una più incisiva azione pastorale. Tale formazione dovrà comprendere gli elementi essenziali sulle leggi civili in materia, con speciale attenzione agli adempimenti dovuti da parte di ogni parroco e alla necessità di valersi di laici competenti.

181. In base alle concrete circostanze del luogo in cui i seminaristi si formano, essi dovranno essere sensibilizzati ai temi dell'arte sacra. Una specifica attenzione a questo ambito fornirà ai futuri presbiteri ulteriori strumenti di catechesi, oltre a renderli maggiormente consapevoli della storia e dei "tesori" da preservare, patrimonio delle Chiese particolari nelle quali operano. È da ricordare che una corretta valorizzazione dell'arte e della bellezza è di per sé un valore, che per altro ha anche una spiccata incidenza pastorale. La conoscenza della musica sacra,[36] inoltre, contribuirà alla formazione complessiva dei seminaristi e offrirà loro strumenti ulteriori in vista dell'evangelizzazione e della pastorale.

[35] Cfr. FRANCESCO, *Discorso ai Rettori e agli alunni dei Pontifici Collegi e Convitti di Roma* (12 maggio 2014): l.c. 5; C.I.C., can.

[36] Cfr. S. CONGREGAZIONE DEI RITI, Istruzione *Musicam sacram*, per la musica nella S. Liturgia (5 marzo 1967): *AAS* 59 (1967), 300-320.

182. Tenendo conto dell'ampia attenzione dedicata dal Magistero al tema delle comunicazioni sociali[37] e del proficuo ambito di evangelizzazione che i "nuovi luoghi" della rete mediatica costituiscono, non potrà mancare nei Seminari una specifica sensibilizzazione al riguardo. In proposito sarà necessario apprendere non solo strumenti e nozioni tecniche, ma soprattutto abituare i seminaristi a un uso equilibrato e maturo, libero da attaccamenti eccessivi e dipendenze.

183. Infine, il tema dell'apprendimento delle lingue nei Seminari è di permanente attualità. È vivamente raccomandata la conoscenza di almeno una lingua moderna, tenendo conto di quelle parlate nei Paesi dove i seminaristi svolgeranno il ministero presbiterale. Le tematiche connesse alle migrazioni o al turismo non possono essere ignorate nella formazione seminaristica e richiedono il raggiungimento di una adeguata competenza linguistica.

Oltre alle lingue ebraica e greco-biblica, sin dall'inizio del percorso formativo i seminaristi siano avviati allo studio della lingua latina, che consente l'accesso alle fonti del Magistero e della storia della Chiesa.

184. Le "materie ministeriali" menzionate, e altre valutate utili o necessarie al ministero presbiterale, in consi-

[37] Cfr. Concilio ecumenico Vaticano II, Decreto sugli strumenti di comunicazione sociale *Inter mirifica* (4 dicembre 1963): *AAS* 56 (1964), 97-138, nonché i messaggi dei Papi per le Giornate Mondiali delle Comunicazioni sociali.

derazione della rilevanza che ciascuna di esse può avere nel percorso formativo, dovranno essere studiate dai seminaristi lungo il tempo della formazione, nei tempi e nei modi indicati da ciascuna *Ratio Nationalis*.

e) *Studi di specializzazione*

185. Oltre agli studi istituzionali, necessari alla formazione di ogni sacerdote, l'apostolato può richiedere per alcuni una preparazione specifica. A prescindere dalla possibilità di promuovere qualche specializzazione in vista dell'attività pastorale, è importante la formazione di sacerdoti destinati a compiti e uffici che esigono una più approfondita preparazione in corsi o istituti appositi.

Al riguardo, oltre alla conoscenza delle ben note scienze sacre nei percorsi di studi specialistici, è possibile pensare ad altre iniziative, promosse dalle Chiese particolari, concernenti una formazione specifica in ambiti ritenuti importanti per la realtà pastorale e per l'acquisizione di strumenti e nozioni che sostengano determinate attività ministeriali. A titolo di esempio, si possono menzionare corsi volti alla formazione di operatori dei tribunali ecclesiastici, dei formatori dei Seminari, degli operatori nel campo dei *mass media*, dell'amministrazione dei beni ecclesiastici o della catechesi.

A tale fine, dopo aver raccolto le opportune informazioni e valutate le necessità della Chiesa particolare nella responsabilità che a loro appartiene, i Vescovi potranno scegliere persone idonee per indole, virtù e ingegno, in grado di perseguire tali finalità.

f) *Scopi e metodi d'insegnamento*

186. Pur tenendo conto della diversità dei metodi, l'insegnamento dovrà garantire il perseguimento di alcuni scopi:

a) aiutare il seminarista, nella grande quantità di informazioni che riceve, a far emergere le domande essenziali e a risvegliare quella sana inquietudine del cuore, che apre lo spirito dell'uomo alla ricerca di Dio;

b) realizzare l'unità e la sintesi della formazione intellettuale, attraverso la reciproca armonia tra studio biblico, teologico e filosofico; in particolare, occorre aiutare i seminaristi a ordinare e coordinare le conoscenze, superando il rischio che esse, apprese in modo frammentario, vadano a formare un mosaico disorganico e perciò confuso;[38]

c) assicurare un insegnamento chiaro e solido, finalizzato a conoscere meglio il mistero di Dio e della sua Chiesa, le verità della fede e la loro gerarchia,[39] l'uomo e il mondo contemporaneo;

[38] Cfr. *Pastores dabo vobis*, n. 54: *AAS* 84 (1992), 753-754.
[39] Cfr. C.I.C. cann. 750; 752-754.

d) promuovere il dialogo e la condivisione tra i seminaristi, e tra questi ultimi e i docenti, attraverso il sostegno di argomentazioni logiche e razionali;

e) offrire ai seminaristi una prospettiva storica, perché essi colgano il legame tra fede e sviluppo storico, imparando a esprimere con un linguaggio adeguato il contenuto della formazione filosofica e teologica.

187. *Indicazioni pratiche.* Per quanto riguarda la considerazione dei metodi didattici, si tenga conto di quanto segue:

a) nei corsi istituzionali, i docenti espongano i contenuti essenziali delle materie, indicando ai seminaristi orientamenti circa lo studio personale e la bibliografia;

b) i docenti abbiano cura di insegnare la dottrina cattolica, con speciale riferimento alla ricchezza del Magistero della Chiesa, privilegiando quello dei Pontefici e dei Concili ecumenici, per rispondere alle sfide della nuova evangelizzazione e della realtà odierna;

c) siano tenuti seminari interdisciplinari, per rendere maggiormente proficuo lo studio in comune e per promuovere in modo creativo la collaborazione tra docenti e seminaristi, a livello scientifico e intellettuale;

d) si favorisca lo studio personale guidato da "tutori", in modo che i seminaristi imparino una metodologia per il lavoro scientifico, e, debitamente sostenuti e incoraggiati, assimilino adeguatamente l'insegnamento ricevuto;

e) i seminaristi siano introdotti a studiare con metodo scientifico i vari problemi pastorali, affinché possano scoprire meglio l'intimo legame tra la vita, la pietà e la scienza attinta nelle lezioni;[40]

f) dove la Conferenza episcopale lo ritenga opportuno, si potrà prevedere un periodo di formazione fuori dal Seminario, talvolta anche in altri Paesi, per imparare lingue utili e per conoscere la vita ecclesiale radicata in una cultura diversa.

Affinché lo studio sia veramente fruttuoso, non potrà mancare una organizzazione di base, della quale faccia parte un sufficiente numero di insegnanti ben preparati,[41] una biblioteca ordinata e curata da personale competente e l'accesso a internet come mezzo di ricerca e di comunicazione.

I seminaristi diano prova del profitto raggiunto negli studi con esami, sia orali che scritti, e con dissertazioni, secondo le norme delle Conferenze episcopali.

[40] Cfr. *ibid.*, can. 254, § 2.
[41] Cfr. *ibid.*, can. 253, §§ 1-2.

VIII
CRITERI E NORME

a) *Diverse tipologie di Seminario*

188. Non si dimentichi, innanzitutto, che il Seminario, prima che un edificio, è una comunità formativa, in qualsiasi luogo si trovi. Pertanto, i Vescovi che ritengono possibile erigere o mantenere un Seminario diocesano,[1] non senza aver attentamente valutato le circostanze connesse con il contesto ecclesiale, prendano in considerazione la necessità di un numero di vocazioni e di formatori sufficienti per garantire una comunità formativa,[2] nonché di un corpo docente in grado di offrire una proposta intellettuale di qualità e, naturalmente, della sostenibilità economica della struttura.

Qualora le circostanze non lo permettano, in dialogo con gli altri Vescovi della Provincia Ecclesiastica o della Conferenza Episcopale, occorre ricercare una soluzione adeguata, affidando i seminaristi al Seminario di un'altra Chiesa particolare o erigendo Seminari interdiocesani, ot-

[1] Cfr. *ibid.*, can. 237, § 1.
[2] Cfr. *ibid.*, can. 239, § 1-2.

tenuta l'approvazione della Congregazione per il Clero, sia circa l'erezione del Seminario che per i suoi statuti.[3]

Merita una particolare attenzione il caso di seminaristi che sono inviati a seguire gli studi in una istituzione diversa dal proprio Seminario; in questo caso, è responsabilità del Vescovo diocesano garantire il loro inserimento in una vera comunità formativa, evitando con cura che un seminarista, o un esiguo gruppo di candidati, dimori stabilmente in un alloggio privato, ove gli sarebbe impossibile coltivare debitamente, sia la propria vita spirituale, che quella comunitaria.

Chi dimora legittimamente fuori del Seminario sia affidato dal proprio Vescovo diocesano a un sacerdote idoneo, il quale si prenda diligentemente cura della sua formazione spirituale e disciplinare.[4]

b) *Ammissione, dimissione e abbandono del Seminario*

189. «*La Chiesa ha il diritto di verificare, anche con il ricorso alla scienza medica e psicologica, l'idoneità dei futuri presbiteri*».[5] Il Vescovo è responsabile dell'ammissione in Seminario; con l'aiuto della comunità dei formatori valuterà nei candidati le doti umane e morali, spirituali e intellettuali, la salute

[3] Cfr. *ibid.*, can. 237, § 2.

[4] Cfr. *ibid.*, can. 235, § 2.

[5] *Orientamenti per l'utilizzo delle competenze psicologiche nell'ammissione e nella formazione dei candidati al sacerdozio*, n. 11: *Enchiridion Vaticanum* 25 (2011), 1271-1272; cfr. C.I.C., can. 241, § 1.

fisica e psichica, e la rettitudine dell'intenzione.[6] In questo senso, occorre tenere conto degli orientamenti relativi al ricorso a esperti in scienze psicologiche,[7] nonché della provenienza da altri Seminari o istituti di formazione,[8] e della eventuale presenza nel candidato di tendenze omosessuali;[9] in generale, «*la prima selezione dei candidati per il loro ingresso in Seminario dev'essere attenta, giacché non è infrequente che i seminaristi proseguano l'iter verso il sacerdozio considerando ogni tappa come una conseguenza e prolungamento di questo primo passo*».[10]

[6] Cfr. C.I.C., can. 241, § 1.

[7] Cfr. *Orientamenti per l'utilizzo delle competenze psicologiche nell'ammissione e nella formazione dei candidati al sacerdozio*: *Enchiridion Vaticanum* 25 (2011), 1239-1289.

[8] Cfr. CONGREGAZIONE PER L'EDUCAZIONE CATTOLICA, *Istruzioni alle Conferenze Episcopali circa l'ammissione in Seminario dei candidati provenienti da altri Seminari o famiglie religiose* (9 ottobre 1986 e 8 marzo 1996); SACRA CONGREGAZIONE PER L'EDUCAZIONE CATTOLICA, Lettera circolare, *Ci permettiamo, ai Rappresentanti Pontifici circa l'ammissione di ex seminaristi in altro seminario* (9 ottobre 1986): *Enchiridion Vaticanum* 10 (1989), 694-696.

[9] Cfr. Id., *Istruzione circa i criteri di discernimento vocazionale riguardo alle persone con tendenze omosessuali in vista della loro ammissione al Seminario e agli ordini sacri* (4 novembre 2005), n. 2: *AAS* 97 (2005), 1009-1010.

[10] CONGREGAZIONE PER IL CULTO DIVINO E LA DISCIPLINA DEI SACRAMENTI, Carta circular *Entre las más delicadas* a los Exc.mos y Rev.mos Señores Obispos diocesanos y demás Ordinarios canónicamente facultados para llamar a las Sagradas Ordenes, sobre Los

b. 1. La salute fisica

190. Al momento dell'ingresso in Seminario, il seminarista sarà tenuto a dimostrare di godere di una condizione di salute compatibile con il futuro esercizio del ministero, secondo le apposite norme emesse dalle Conferenze Episcopali, da inserire nelle *Ratio* nazionali. In modo particolare, dovrà presentare i risultati di esami medici generali, al fine di garantire una «sana e robusta costituzione», nonché l'eventuale documentazione relativa a malattie, interventi subiti o terapie specifiche, occorsi in passato. Il contenuto di tale documentazione potrà essere conosciuto solo dal Vescovo e dal Rettore del Seminario diocesano, e la sua divulgazione sarà regolata a norma delle leggi civili ed ecclesiastiche vigenti in ogni Paese.

In questo ambito si dovrà da subito tenere conto di quanto prescritto dalla Congregazione per la Dottrina della Fede circa la prudente e personalizzata valutazione di coloro che sono affetti da celiachia, o soffrono di alcolismo o malattie analoghe. In relazione a quanto disposto da tale Dicastero relativamente ad altre situazioni di salute che potrebbero pregiudicare l'esercizio del ministero, è affidata alle Conferenze Episcopali l'elaborazione di norme pertinenti.

escrutinios acerca de la idoneidad del los candidados (10 novembre 1997), n. 7: *Notitiae* 33 (1997), p. 497.

Le adeguate condizioni di salute dovranno permanere e potranno essere verificate per tutto il tempo della formazione.

b. 2. La salute psichica

191. Sarà, di norma, da evitare l'ammissione in Seminario di coloro che soffrono di qualche patologia, manifesta o latente (ad es., schizofrenia, paranoia, disturbo bipolare, parafilie, etc.), in grado di minare la discrezione di giudizio della persona e, di conseguenza, la sua capacità di assumere gli impegni della vocazione e del ministero.[11]

192. In questo ambito, il tema del ricorso a esperti nelle scienze psicologiche nel campo della formazione al ministero ordinato è stato già in passato oggetto dell'attenzione della Chiesa e della Santa Sede.[12] L'apporto delle scienze psicologiche si è rivelato in generale un apprezzabile aiuto ai formatori, ai quali, per altro, compete il discernimento vocazionale. Tale contributo scientifico permette di conoscere meglio l'indole e la personalità dei candidati e di offrire un servizio formativo più adeguato alle condizioni dei singoli: «*È utile che il Rettore e gli altri formatori possano contare sulla collaborazione di esperti nelle scien-*

[11] Congregazione per la Dottrina della Fede, Lettere circolari del 19 giugno 1995 e del 24 luglio 2003.

[12] Cfr. *Monitum*, della Sacra Congregatio S. Officii (15 luglio 1961): *AAS* 53 (1961), 571.

ze psicologiche, che comunque non possono far parte dell'équipe dei formatori».[13] Data la delicatezza del compito e la specificità della formazione al ministero presbiterale, la scelta di tali esperti deve essere attenta e prudente: «*Si tenga presente che essi, oltre a distinguersi per la loro solida maturità umana e spirituale, devono ispirarsi a un'antropologia che condivida apertamente la concezione cristiana circa la persona umana, la sessualità, la vocazione al sacerdozio e al celibato, così che il loro intervento tenga conto del mistero dell'uomo nel suo personale dialogo con Dio, secondo la visione della Chiesa*».[14]

193. Nel clima di reciproca fiducia e di apertura di cuore, che deve caratterizzare il momento della richiesta di ammissione al Seminario, l'aspirante seminarista sarà tenuto a far conoscere al Vescovo e al Rettore del Seminario eventuali problematiche psicologiche pregresse, nonché l'avvenuto ricorso a periodi di terapia, come elemento da valutare nell'insieme delle altre qualità richieste. In ogni caso, sarà comunque conveniente che si realizzi una valutazione psicologica, sia al momento dell'ammissione in Seminario, che nel tempo successivo, quando ciò sembri utile ai formatori.

[13] *Orientamenti per l'utilizzo delle competenze psicologiche nell'ammissione e nella formazione dei candidati al sacerdozio*, n. 6: *Enchiridion Vaticanum* 25 (2011), 1258-1260.

[14] *Ibid.*

194. Occorre tenere presente che, per poter ricorrere a un esperto in scienze psicologiche, è necessario da parte della persona interessata[15] la manifestazione di un consenso previo, dato per iscritto, informato e libero.[16] D'altra parte, «*il candidato al presbiterato non può imporre le proprie personali condizioni, ma deve accettare con umiltà e gratitudine le norme e le condizioni che la Chiesa stessa, per la sua parte di responsabilità, pone*».[17] A tutela della propria intimità, «*il candidato potrà rivolgersi liberamente o ad un esperto, scelto tra quelli indicati dai formatori, oppure ad uno scelto da lui stesso e accettato da loro. Secondo le possibilità, dovrebbe essere sempre garantita ai candidati una libera scelta tra vari esperti che abbiano i requisiti indicati*».[18]

195. Dopo aver redatto la relazione, nel rispetto delle leggi civili vigenti, il perito dovrà comunicare l'esito della sua indagine al diretto interessato e unicamente ad alcune persone legittimate a conoscere tali dati in ragione del loro ufficio: «*Effettuata l'indagine, tenendo conto anche delle indica-*

[15] *Ibid.*, n. 12: «Qualora il candidato, davanti ad una richiesta motivata da parte dei formatori, rifiutasse di accedere ad una consulenza psicologica, essi non forzeranno in alcun modo la sua volontà e procederanno prudentemente nell'opera di discernimento con le conoscenze di cui dispongono»: *Enchiridion Vaticanum* 25 (2011), 1277.

[16] Cfr. *ibid.*, nn. 12 e 15: *Enchiridion Vaticanum* 25 (2011), 1276-1277 e 1282-1283.

[17] *Ibid.*, n. 11: *Enchiridion Vaticanum* 25 (2011), 1272.

[18] *Ibid.*, n. 12: *Enchiridion Vaticanum* 25 (2011), 1276.

zioni offertegli dai formatori, l'esperto, solo con il previo consenso scritto del candidato, darà loro il suo contributo per comprendere il tipo di personalità e le problematiche che il soggetto sta affrontando o deve affrontare. Egli indicherà anche, secondo la sua valutazione e le proprie competenze, le prevedibili possibilità di crescita della personalità del candidato. Suggerirà, inoltre, se necessario, forme o itinerari di sostegno psicologico».[19] Concretamente, tenuto conto di quanto sopra, le persone autorizzate a conoscere le informazioni fornite dal perito sono: il Vescovo (quello della Diocesi dell'interessato e quello responsabile del Seminario, se diverso), il Rettore (quello del Seminario dove avviene la formazione e anche di quello diocesano, se diverso), nonché il Direttore Spirituale.

196. Sarà cura di ogni Conferenza Episcopale emanare norme da inserire nelle *Ratio* nazionali, che stabiliscano le modalità per realizzare perizie psicologiche, come anche stabilire per quanto tempo debbano essere custoditi i documenti relativi alla salute fisica e psichica dei seminaristi, nel rispetto delle leggi civili vigenti nei diversi Paesi, nonché dei possibili risvolti, anche penali, legati alla diffusione, seppure involontaria, dei dati in essi contenuti.

b. 3. Dimissione

197. Qualora la comunità formativa ritenga necessario dimettere un seminarista in qualunque momento del

[19] *Ibid.*, n. 15: *Enchiridion Vaticanum* 25 (2011), 1283.

cammino, dopo aver consultato il Vescovo, in linea generale tale atto sia messo per iscritto e opportunamente conservato, con l'esposizione prudente, almeno sommaria, ma comunque sufficientemente indicativa,[20] delle circostanze che lo hanno motivato, come sintesi del discernimento operato.

b. 4. Seminaristi provenienti da altri Seminari o istituti di formazione

198. In generale, sarà necessario che colui il quale, dopo una prima dimissione o abbandono, chiede di essere ammesso in un nuovo Seminario, o casa di formazione, presenti richiesta per iscritto al Vescovo, esponendo il proprio percorso personale e le motivazioni che hanno portato in precedenza alla dimissione o all'abbandono di un altro istituto di formazione. Il Rettore del Seminario in cui la persona desidera essere ammessa, non può esimersi dal reperire la documentazione, anche di tipo psicologico, relativa al tempo da essa trascorso presso un altro istituto di formazione,[21] secondo le disposizioni della Conferenza

[20] Cfr. C.I.C., can. 51.

[21] *Orientamenti per l'utilizzo delle competenze psicologiche nell'ammissione e nella formazione dei candidati al sacerdozio*, n. 16: «È contrario alle norme della Chiesa ammettere al Seminario o alla Casa di formazione persone già uscite o, a maggior ragione, dimesse da altri Seminari o da Case di formazione, senza assumere prima le dovute informazioni dai loro rispettivi Vescovi o Superiori Maggiori, so-

Episcopale;[22] in generale, si tratta di situazioni assai delicate, che esigono da parte dei formatori un supplemento di discernimento accurato e la massima prudenza, prima dell'eventuale accoglienza.

c) *Persone con tendenze omosessuali*

199. In relazione alle persone con tendenze omosessuali che si accostano ai Seminari, o che scoprono nel corso della formazione tale situazione, in coerenza con il proprio Magistero,[23] «*la Chiesa, pur rispettando profondamente le persone in questione, non può ammettere al Seminario e agli Ordini sacri coloro che praticano l'omosessualità, presentano tendenze omosessuali profondamente radicate o sostengono la cosiddetta cultura gay. Le suddette persone si trovano, infatti, in una situazione che ostacola gravemente un corretto relazionarsi con uomini e donne. Non sono affatto da trascurare le conseguenze negative che possono derivare dall'Ordinazione di persone con tendenze omosessuali profondamente radicate*».[24]

prattutto circa le cause della dimissione o dell'uscita. È preciso dovere dei precedenti formatori fornire informazioni esatte ai nuovi formatori»: *Enchiridion Vaticanum* 25 (2011), 1284; cfr. C.I.C., can. 241, § 3.

[22] Cfr. Istruzioni alle Conferenze episcopali circa l'ammissione in Seminario di candidati provenienti da altri Seminari o famiglie religiose.

[23] Cfr. *Catechismo della Chiesa Cattolica*, nn. 2357-2358.

[24] *Istruzione circa i criteri di discernimento vocazionale riguardo alle*

200. «*Qualora si trattasse di tendenze omosessuali che fossero solo l'espressione di un problema transitorio, come, ad esempio, quello di un'adolescenza non ancora compiuta, esse devono comunque essere chiaramente superate almeno tre anni prima dell'Ordinazione diaconale*».[25]

Peraltro, occorre ricordare che, in un rapporto di dialogo sincero e di reciproca fiducia, il seminarista è tenuto a manifestare ai formatori – al Vescovo, al Rettore, al Direttore Spirituale e agli altri educatori – eventuali dubbi o difficoltà in questo ambito.

In tale contesto, «*se un candidato pratica l'omosessualità o presenta tendenze omosessuali profondamente radicate, il suo direttore spirituale, così come il suo confessore, hanno il dovere di dissuaderlo, in coscienza, dal procedere verso l'Ordinazione*». In ogni caso, «*sarebbe gravemente disonesto che un candidato occultasse la propria omosessualità per accedere, nonostante tutto, all'Ordinazione. Un atteggiamento così inautentico non corrisponde allo spirito di verità, di lealtà e di disponibilità che deve caratterizzare la personalità di colui che ritiene di essere chiamato a servire Cristo e la sua Chiesa nel ministero sacerdotale*».[26]

201. In sintesi, occorre ricordare e, al contempo, non occultare ai seminaristi che «*il solo desiderio di diventare sacerdote non è sufficiente e non esiste un diritto a ricevere la sacra*

persone con tendenze omosessuali in vista della loro ammissione al Seminario e agli Ordini sacri, n. 2: *AAS* 97 (2005), 1010.

[25] *Ibid.*

[26] *Ibid.*, n. 3: *AAS* 97 (2005), 1012.

Ordinazione. Compete alla Chiesa [...] discernere l'idoneità di colui che desidera entrare nel Seminario, accompagnarlo durante gli anni della formazione e chiamarlo agli Ordini sacri, se sia giudicato in possesso delle qualità richieste».[27]

d) *Protezione dei minori e accompagnamento delle vittime*

202. Massima attenzione dovrà essere prestata al tema della tutela dei minori e degli adulti vulnerabili,[28] vigilando con cura che coloro che chiedono l'ammissione in un Seminario o in una casa di formazione, o che già presentano la domanda per ricevere gli Ordini, non siano incorsi in alcun modo in delitti o situazioni problematiche in questo ambito.

Uno speciale e pertinente accompagnamento personale dovrà essere assicurato dai formatori a coloro che abbiano subito esperienze dolorose in questo ambito.

Nel programma sia della formazione iniziale che di quella permanente, sono da inserire lezioni specifiche, seminari o corsi sulla protezione dei minori. Una informazione adeguata deve essere impartita in modo adatto e dando anche rilievo alle aree di possibile sfruttamento o di violenza, come, ad esempio, la tratta dei minori, il lavoro minorile e gli abusi sessuali sui minori o sugli adulti vulnerabili.

[27] *Ibid.*, n. 3: *AAS* 97 (2005), 1010.

[28] Cfr. FRANCESCO, *Lettera al Prefetto della Congregazione per il Clero* (9 giugno 2016).

A tal fine, sarà conveniente e proficuo che la Conferenza Episcopale o il Vescovo responsabile del Seminario stabiliscano un dialogo con la Pontificia Commissione per la tutela dei minori,[29] il cui compito specifico è «*proporre [al Santo Padre] le iniziative più opportune per la protezione dei minori e degli adulti vulnerabili, sì da realizzare tutto quanto è possibile per assicurare che crimini come quelli accaduti non abbiano più a ripetersi nella Chiesa. La Commissione promuoverà, unitamente alla Congregazione per la Dottrina della Fede, la responsabilità delle Chiese particolari per la protezione di tutti i minori e degli adulti vulnerabili*».[30]

e) *Gli scrutini*

203. Per un esame accurato e attento, il Vescovo «*con prudente anticipo, si assicuri mediante scrutini che ciascuno dei candidati sia idoneo per i sacri ordini e pienamente deciso a vivere le*

[29] Istituita da Papa Francesco, con il Chirografo *Minorum tutela actuosa* (22 novembre 2014); la promulgazione dello Statuto è del 21 aprile 2015.

[30] Francesco, Chirografo *Minorum tutela actuosa* (22 marzo 2014). Al termine della Plenaria tenuta nell'ottobre 2015, tale Commissione ha emesso una Nota relativa al lavoro svolto e, soprattutto, alla specificazione dei propri fini e compiti, nella quale si legge tra l'altro: «Particular areas of focus of these working groups include research into the assessment and ongoing formation of candidates to the priesthood and religious life [...] The Commission does not address individual cases, it does not exercise oversight, and is not a decision-making body», Press Release from the Commission for the Protection of Minors (12 ottobre 2015).

esigenze del sacerdozio cattolico. Non agisca mai con precipitazione in una materia così delicata e, nei casi di dubbio, piuttosto differisca la sua approvazione, finché non si sia dissipata ogni ombra di mancanza di idoneità».[31]

204. Si denomina «scrutinio» l'atto di discernimento della idoneità di un candidato; esso deve essere compiuto in occasione di alcuni momenti, di fatto cinque, lungo l'*iter* della formazione sacerdotale: ammissione tra i candidati agli ordini, ministeri (di lettore e di accolito), diaconato,[32] presbiterato.[33] Tali scrutini non costituiscono atti meramente burocratici e formali, ove impiegare formule standardizzate e generiche, ma rappresentano le valutazioni autorevoli sulla vocazione di una persona concreta e sul suo sviluppo, da parte di coloro che sono deputati a valutarla, per incarico e a nome della Chiesa. Essi hanno come fine la verifica della reale sussistenza delle qualità e delle condizioni personali di un candidato riguardo a ciascuno dei surriferiti momenti dell'*iter* formativo. Devono pertanto essere redatti per iscritto e contenere una valutazione motivata, positiva o negativa, nei riguardi del cammino compiuto sino a quel momento.

205. Mentre la verifica di alcuni elementi andrà fatta solo in vista di uno specifico momento, per ogni scruti-

[31] *Apostolorum successores*, n. 89: *Enchiridion Vaticanum* 22 (2006), 1778.

[32] Cfr. C.I.C., can. 1051.

[33] Cfr. *Entre las más delicadas*, n. 4: l.c., 496.

nio la comunità dei formatori dovrà presentare al Vescovo proprio del seminarista:

a) domanda manoscritta da parte del candidato;

b) relazione dettagliata del Rettore (quello del Seminario in cui il candidato si forma e, in caso di Seminari interdiocesani, anche di quello del Seminario diocesano, o del responsabile delle vocazioni), comprensiva di una valutazione relativa all'esito del momento precedente, nonché di tutte le informazioni che riterrà opportune per la miglior conoscenza della situazione e per la valutazione da parte della comunità dei formatori, tenuto conto di quanto richiesto dal can. 240, § 2 C.I.C.;

c) una relazione del parroco di origine, o dove il candidato ha il domicilio;

d) una relazione da chiedere a coloro presso i quali il candidato ha svolto il servizio pastorale; potrebbe rivelarsi utile anche l'apporto di donne che abbiano una conoscenza del candidato, integrando nella valutazione lo «sguardo» e il giudizio femminile.

206. In vista del conferimento della Sacra Ordinazione, occorre verificare anche il compimento del tempo di formazione prescritto, il possesso delle dovute qualità, umane e spirituali, l'assenza di impedimenti o irregolarità,[34]

[34] Cfr. C.I.C., cann. 1041-1042. Due lettere circolari della Congregazione per l'Educazione Cattolica hanno insistito sul dovere dei Vescovi e di altri organismi della Chiesa di informare i candidati al più presto possibile della disciplina canonica sugli im-

la ricezione dei sacramenti, l'aver partecipato agli esercizi spirituali prescritti ai fini dell'ordinazione.[35] In generale, bisogna sempre tener conto di quanto esposto nel can. 1052, § 1 C.I.C., in base al quale l'idoneità dovrà essere manifestata in modo chiaro e argomentato, o, in altre parole, «*sulla base di una certezza morale fondata su argomenti positivi*»,[36] e non semplicemente sull'assenza di situazioni problematiche.

È noto che il Vescovo ha la responsabilità canonica ultima e definitiva circa la chiamata agli Ordini Sacri; tuttavia, egli ha il dovere morale di considerare con la massima attenzione la valutazione finale della comunità formativa, espressa dal Rettore, che raccoglie i frutti dell'esperienza vissuta nel corso di vari anni di formazione. L'esperienza indica che la non accoglienza da parte degli Ordinari del giudizio negativo della comunità formativa è stata in non

pedimenti e le irregolarità; cfr. Lettera circolare del 27 luglio 1992 (Prot.n. 1560/90/18) e Lettera circolare del 2 febbraio 1999 (Prot. n. 1560/90/33).

[35] Alla Sacra Ordinazione, diaconale e presbiterale, devono essere premessi i seguenti atti: richiesta manoscritta del candidato al Vescovo, in cui esprime consapevolezza e libertà nel ricevere l'Ordine e nell'assumerne gli impegni (sia per il diaconato, che per il presbiterato); esercizi spirituali, per almeno 5 giorni (cfr. can. 1039 C.I.C.); emissione della professione di fede e del giuramento di fedeltà, preferibilmente in forma pubblica, davanti all'Ordinario del luogo o a un suo Delegato, e sottoscrizione dell'atto.

[36] *Entre las más delicadas*, n. 2: l.c., 495.

pochi casi fonte di grande sofferenza per gli interessati e anche per le Chiese locali. Il Vescovo si astenga dal pubblicare la data dell'ordinazione diaconale e dal consentire preparativi per la celebrazione del diaconato, prima che sia certo che tutti gli studi richiesti siano stati regolarmente espletati, ossia che il candidato abbia superato effettivamente tutti gli esami richiesti del *curriculum* degli studi filosofico-teologici, inclusi quelli del quinto anno.[37]

207. In modo particolare dovranno essere inoltre considerati:

a) il risultato delle pubblicazioni canoniche nel luogo di prolungato domicilio del candidato;

b) il rispetto dell'età prevista per il conferimento del sacramento dell'Ordine (cfr. can. 1031, § 1 C.I.C.);

c) il rispetto degli spazi di tempo previsti tra un ministero e l'altro, tra l'accolitato e il diaconato, tenendo conto del can. 1035 C.I.C. e di eventuali determinazioni ulteriori da parte delle Conferenze Episcopali;

d) la verifica circa eventuali impedimenti (cfr. can. 1042 C.I.C.: essere coniugato, esercizio di un'attività vietata ai chierici, condizione di neofita, e quella assimilabile di colui che è ritornato alla fede o alla pratica religiosa dopo molti anni di assenza, secondo la valutazione del Vescovo) e irregolarità (cfr. can. 1041, 2°-6° C.I.C.: delitto di apostasia, eresia o scisma; attentato matrimonio, anche civile;

[37] Cfr. C.I.C., can. 1032, § 1.

omicidio volontario o procurato aborto; automutilazione o tentato suicidio; simulazione di atti legati alla potestà di ordine);

e) per il conferimento del presbiterato, l'esercizio effettivo del ministero diaconale.

208. I requisiti per ricevere l'ordinazione diaconale e presbiterale possono essere dispensati:

a) riguardo all'età: sino a un anno può dispensare il Vescovo; oltre un anno è necessario il ricorso alla Congregazione per il Culto Divino e la Disciplina dei Sacramenti;[38]

b) riguardo al percorso formativo: la concessione della dispensa relativa al tempo minimo di formazione da trascorrere in Seminario Maggiore[39] e quella circa le materie che compongono l'*Ordo studiorum* spetta alla Congregazione per il Clero.[40]

209. Il giudizio circa l'idoneità di un candidato a ricevere il diaconato transeunte, in vista del presbiterato, dovrà includere anche quello circa il ministero presbiterale, tenuto conto del can. 1030 C.I.C. È fondamentale ricordare che la valutazione per il conferimento del diaconato tran-

[38] Cfr. *ibid.*, can. 1031, § 4 e CONGREGAZIONE PER IL CULTO DIVINO E LA DISCIPLINA DEI SACRAMENTI, Notifica *È noto* (24 luglio 1997): *Notitiae* 35 (1997), 281-282.

[39] Cfr. C.I.C.., can. 235, § 1.

[40] Cfr. *Ministrorum institutio*, art. 6: *AAS* 105 (2013), 134.

seunte implica potenzialmente un giudizio sull'idoneità al presbiterato; non si ammetta nessuno al diaconato *ad experimentum*. Dopo l'ordinazione diaconale l'idoneità al presbiterato si presume, ma il contrario potrà essere dimostrato dal Vescovo, con argomenti chiari, sia per fatti avvenuti prima, ma non considerati al momento dell'ammissione al diaconato, che per comportamenti occorsi in seguito, secondo il can. 1030 C.I.C.

210. A suo prudente giudizio, tenuto conto della valutazione dei formatori, il Vescovo provvederà ad ammettere il candidato all'ordinazione o a esprimere il suo diniego; è conveniente che il Vescovo manifesti la sua volontà in forma di decreto, con l'esposizione almeno in generale delle motivazioni del provvedimento.[41]

CONCLUSIONE

Il Concilio Vaticano II ha proposto ai sacerdoti di vedere in Maria il modello perfetto della propria esistenza, invocandola come «*Madre del sommo ed eterno Sacerdote, Regina degli Apostoli, Ausilio dei presbiteri nel loro ministero*», invitando i presbiteri «*a venerarla ed amarla con devozione e culto filiale*» (Presbyterorum ordinis, 18).

Sotto il manto di Lei, che è Madre della Misericordia e Madre dei Sacerdoti, sono la vita e la formazione dei presbi-

[41] Cfr. *Entre las más delicadas*, Allegato III, n. 10: l.c., 498.

teri, al cui servizio si pone questa nuova *Ratio Fundamentalis Institutionis Sacerdotalis*.

Il Sommo Pontefice Francesco ha approvato il presente Decreto Generale esecutivo il 13 ottobre 2016 e ne ha disposto la pubblicazione.

Roma, dalla Sede della Congregazione per il Clero, 8 dicembre 2016, Solennità dell'Immacolata Concezione della Beata Vergine Maria.

Beniamino Card. Stella
Prefetto

Joël Mercier
Arcivescovo tit. di Rota
Segretario

Jorge Carlos Patrón Wong
Arcivescovo-Vescovo em. di Papantla
Segretario per i Seminari

Mons. Antonio Neri
Sotto-Segretario

Indice

III
I fondamenti della formazione

IV
Formazione iniziale e permanente

V

Dimensioni della formazione

VI

Gli agenti della formazione

VII
Organizzazione degli studi

VIII
Criteri e norme

TIPOGRAFIA VATICANA